Der große Fritz und die Tanten
- Mit 12 Pfoten durch's Jahr

Mein besonderer Dank gilt unserer lieben Nachbarin für das Korrekturlesen des Manuskriptes.

Adelheid Jack

Der große Fritz und die Tanten
- Mit 12 Pfoten durch's Jahr

Abenteuer, Untaten, Einsichten

Ein Buch über drei ganz besondere
Große Schweizer Sennenhunde

Bibliografische Information der Deutschen Nationalbibliothek:
Die Deutsche Nationalbibliothek verzeichnet diese Publikation in der Deutschen Nationalbibliografie; detaillierte bibliografische Daten sind im Internet über http://dnb.dnb.de abrufbar.

© 2016 Adelheid Jack

Illustration: Adelheid Jack

Herstellung und Verlag: BoD – Books on Demand, Norderstedt

ISBN: 978-3-7412-5579-3

Vorwort

Angefangen hat unsere Liebe zum Großen Schweizer Sennenhund vor etwas mehr als 20 Jahren, als ich einen guten Aufpasser haben wollte, der
1. größer als Kniehöhe,
2. wachsam und Respekt einflößend, aber nicht gefährlich,
3. kein Jäger,
4. geflügelfromm und
5. nicht langhaarig ist.

Nach intensivem Studium diverser Hundelexika und Aussortieren aller nicht in Frage kommenden Rassen zeigte mein Mann auf das Foto eines Großen Schweizer Sennenhundes und fragte: „Wie wäre es denn mit diesem?"

Die Rassebeschreibung klang vielversprechend, meine fünf Forderungen waren erfüllt - gut, so sollte es also ein Großer Schweizer Sennenhund sein.

Wir besorgten uns über den VDH Züchter-Adressen, besuchten einige Züchter und Hunde-Ausstellungen und fanden immer mehr Gefallen an diesen beeindruckenden Hunden.

Nach einer Wartezeit von etwa einem Jahr kam dann 1996 der erste Große Schweizer Sennenhund in unser Haus: U-Lutz van Vremdermolen - unser Lutz.

So ein toller Hund, der unsere Erwartungen mehr als erfüllte und uns Zeit seines Lebens immer wieder mit seinen Fähigkeiten überraschte.

Nach 12 gemeinsamen Jahren mussten wir uns 2008 leider von ihm verabschieden.

Lutz hatte als Zuchtrüde jedoch ein umfangreiches Erbe hinterlassen, und so durften wir am letzten Tag des Jahres 2009 seinen Urenkel Fritz (C-Fritz von der Ostrauer Schlossinsel) bei uns begrüßen.

Der beste aller Fritzleins ist in vielem seinem Urgroßvater ähnlich, in manchem ganz anders, aber zu 100 % genauso ein toller Hund!!!

Im Februar 2014 konnten wir dann einen lange gehegten Wunsch in die Tat umsetzen und unserem Fritz ein Mädel zur Seite stellen: Tante Hedwig von der Schlossinsel.

Ein halbes Jahr später holten wir Tante Hedwigs Schwester Tante Lotte aus sehr schlechten Verhältnissen heraus zu uns und gaben ihr ein neues Zuhause und neues Vertrauen.

Jetzt sind wir ein Haushalt mit drei phantastischen Hunden.

Wir können uns kein Leben ohne Hund und keinen anderen Hund als den Großen Schweizer Sennenhund mehr vorstellen.

Die Akteure:

Fritz (der beste aller Fritzleins)

Tante Hedwig (TH)

Tante Lotte (TL)

In den Nebenrollen:

Herrchen, genannt „der Bärtige"

Frauchen, genannt „die Bezopfte"

Richtigstellung

Wir möchten hiermit ausdrücklich darauf hinweisen, dass die von einer gewissen bezopften Person hier dargestellten Sachverhalte in keiner Weise den Tatsachen entsprechen.
Wir verwahren uns entschieden gegen jedwede Unterstellung von Schand- und Untaten.
Sinn und Zweck unserer Unternehmungen bestehen einzig und allein in der fachkundigen Verschönerung unseres Umfeldes sowie der konsequenten Hilfestellung bei anstehenden Renovierungsangelegenheiten.

gez. die Tanten

Teil 1 - Willkommen, Tante Hedwig

Samstag, 15.02.2014 - Welpenabholtag

8:00 Uhr: Die Fahrt muss bereits nach 20 Metern unterbrochen werden, weil Fritz aus seinem Autogeschirr ausgebrochen ist.
8:05 Uhr: Die Fahrt muss ein weiteres Mal aus demselben Grund unterbrochen werden.
8:07 Uhr: Jetzt sitzt das Geschirr so fest, dass Fritz blau anläuft.
8:08 Uhr: Der Hund darf ohne Geschirr im Auto sitzen.
15:31 Uhr: Tante Hedwig straft uns mit Missachtung.
15:32 bis 19:25 Uhr: Kaffeeklatsch beim Züchter, Welpenknuddeln, Vertragsabschluss, Geldübergabe.
19:27 Uhr: Tante Hedwig legt uns zwei Stinkbomben vor die Füße dergestalt, dass ich mein Geld wiederhaben will.
19:28 Uhr: Der Vertrag kann nicht rückgängig gemacht werden. Also Abfahrt mit Tante Hedwig. Züchter B. verabschiedet die kleine Hündin mit den Worten: „Alles Gute, meine Kleine, und richte nicht zu viel Schaden an!"
Samstag, 19:29 Uhr, bis Sonntag 16.02.2014, 1:45 Uhr: Heimfahrt. Fritz döst hinten. Dem ist alles egal. Tante Hedwig sitzt im Beifahrer-Fußraum und guckt sich alles an. Beschließt dann, dass auch ihr alles egal ist und bis Aachen ein Nickerchen gemacht werden kann.

Sonntag, 16.02.2014

1:50 Uhr: Fritz und Tante Hedwig stehen sich im heimischen Wohnzimmer verschlafen gegenüber und können nichts miteinander anfangen.

1:51 bis 5:00 Uhr: Fritz schläft in seinem Korb. Der Fernseher läuft, aber wir haben ausschließlich Augen für Tante Hedwig. Kein Häufchen, kein Pfützchen. Prima, Tante Hedwig ist bereits stubenrein.

5:00 bis 8:00 Uhr: Nach kurzer Bekundung ihres Unwillens Nachtruhe.

8:01 Uhr: Tante Hedwig freut sich, mich zu sehen. Als Überraschung hat sie etwa einem Quadratmeter des Teppichbodens eine dunklere Farbe verpasst.

8:25 Uhr: Ich erwische den Herrn des Hauses und Tante Hedwig einträchtig auf dem Sofa. Nicht nur Fritz ist konsterniert.

8:25 bis 23:50 Uhr: Ein ständiges Hin und Her zwischen Wohnzimmer und Garten. Ich überlege, mit Tante Hedwig im Garten wohnen zu bleiben; sie hat offenbar vergessen, dass sie bereits stubenrein ist. Fritz beschließt beleidigt, umgehend auszuwandern.

Montag, 17.02.2014

7:45 Uhr: Ich fahre ins Büro und überlasse meinem lieben Ehemann die verantwortungsvolle Aufgabe, sowohl für Tante Hedwigs Stubenreinheit zu sorgen als auch für nunmehr zwei Große Schweizer Sennenhunde ein abwechslungsreiches Unterhaltungsprogramm zu gestalten.

9:03 Uhr: Anruf von Zuhause. Keine besonderen Vorkommnisse. Tante Hedwig hat bereits erkannt, dass aus Herrchens Jackentasche leckere Dinge zum Vorschein kommen. Fritz verfasst ein Pamphlet gegen das Halten eines Zweithundes.

9:11 Uhr: Anruf von Zuhause. Tante Hedwig schreddert gerade meine Garten-Holzschuhe.

10:20 Uhr: Anruf von Zuhause. Ich erhalte die Meldung, dass Tante Hedwig nach Vollzug eines Pipibaches und eines Häufchens im Garten bereits selbstständig das ihr zugedachte Ruhekissen in Besitz genommen hat und nunmehr zu Herrchens Füßen friedlich auf dem Rücken liegend schnarcht. Wo Fritz sich zur Zeit aufhält, ist nicht bekannt. Möglicherweise hat er bei der Nachbarin um Asyl angefragt.

Montag, 17.02.2014, 22:47 Uhr

Sachstandsbericht:
Den Handfeger musste ich in Schutzhaft nehmen. Den hat Tante Hedwig dermaßen gebeutelt, dass er beinahe in die Scheibe der Terrassentür geflogen wäre.
Um ihren Tatendrang anderweitig auszuleben, hat Tante Hedwig sodann die Brennholzkiste erklettert und sich darin gestaltend betätigt. Das Feuerholz sieht jetzt aus wie etwas Antikes mit starkem Holzwurmbefall.
Soeben hat Tante Hedwig den Goldfischteich entdeckt.

Erledigungserfordernisse:
→ Hundehaftpflicht-Police ändern lassen
→ einen schwunghaften Handel mit Pseudo-Antiquitäten aufziehen
→ Bezugsquellen von Hundeschwimmwesten ermitteln
→ Gartenschuhe vom Taschengeld abziehen

Sonstiges:
Fritz und ich gehen jetzt ins Bett und ziehen uns die Decke über den Kopf.

Dienstag, 18.02.2014

Um 5:16 Uhr Ortszeit beschließt das vierbeinige Volk, dass die Nacht vorbei ist.
Fritz steht an meinem Bett und zieht mir die Decke weg, Tante Hedwig randaliert im Kinderzimmer.
Ich stelle mich schlafend. Der Herr des Hauses hat dieselbe Idee. Leider ist er in der Ausführung konsequenter als ich.
Schlafplatz trocken, Teppichboden trocken; beide erledigen ihre fälligen Aufgaben brav draußen.
Dann Fressen wie die Scheunendrescher.
Für einen gepflegten Verdauungsschlaf okkupiert Tante Hedwig den Korb, der ihr nicht zusteht.

Fritz legt sich ins Schlafzimmer und tut sich selbst leid.

Das schwere Seemannstau an der Türklinke unserer Haustür, das seinerzeit den kleinen Fritz erfolgreich vom Zerkratzen derselben abgehalten hat, animiert Tante Hedwig bloß dazu, wie ein Äffchen daran zu schaukeln.

10:00 Uhr: Anruf von Zuhause. Der Herr des Hauses fragt an, ob Tante Hedwig eine Möhre essen darf.
10:20 Uhr: Anruf von Zuhause. Der Herr des Hauses betont, er sei genervt von dem vorwurfsvollen Blick eines gewissen Ex-Einzelprinzen, der ihn durch das ganze Haus verfolgt.
10:30 Uhr: Anruf von Zuhause. Der Ex-Einzelprinz hat zu verstehen gegeben, dass er für diese Babyschnauze keine 1.200 km gefahren wäre.
ab 10:31 Uhr: Ich lasse mich am Telefon verleugnen.

Mittwoch, 19.02.2014

4:50 Uhr: Die Nacht ist vorbei. Wir ignorieren tapfer das Theater.
5:45 Uhr: Aufstehen. Nachsehen. Alles ist gut, kein Malheur passiert, alles trocken.
Allerdings muss der Herr des Hauses noch heute in den Baumarkt fahren und Schwerlastdübel besorgen, weil Tante Hedwig die Kindersicherung vor ihrem Schlafzimmer aus der Verankerung gehebelt hat.
6:00 Uhr: Ich hätte wenigstens auf der Toilette gern meine Ruhe!

6:05 Uhr: Tante Hedwig ist fertig mit Essen und guckt, was Fritz noch in seinem Napf hat. Fritz zieht sich missgelaunt ins Souterrain zurück.

6:15 Uhr: Die Positionierung des Duschvorlegers gefällt Tante Hedwig nicht. Ich überlege, ob ich einen Tierversuch starten und Tante Hedwig mit unter die Dusche nehmen soll. Ich verwerfe diese Idee aber sofort wieder, denn es besteht die Gefahr, dass es ihr gefällt und ich das zukünftig jeden Morgen machen muss. Ich werfe Tante Hedwig hinaus. Ich stelle den Duschkopf auf Prasseln, damit ich nicht höre, was draußen abgeht.

6:29 Uhr: Im Flur liegt ein Häufchen. Tante Hedwig guckt unschuldig und zeigt auf Fritz.

6:35 Uhr: Tante Hedwig findet Gefallen an meinen nackten Zehen. Der Herr des Hauses soll vom Baumarkt auch Sicherheitsschuhe Größe 39 mitbringen.

7:30 Uhr: Tante Hedwig schnappt sich das Stück Möhre, das Fritz beim Kauen aus dem Maul gefallen ist.

7:40 Uhr: Fritz möchte bitte mit ins Büro.

Anruf um 10:39 Uhr: Tante Hedwig hat dem Herrn des Hauses in den Bart gebissen, ihre erste Ohrfeige bekommen und zum ersten Mal eine Bürste aufgestellt.

Anruf um 13:40 Uhr: Tante Hedwig ist selbstständig in den Garten marschiert, hat ihren Pipiplatz aufgesucht und dort erledigt, was zu tun war.
Weniger schön ist, dass Fritz schmollend im Keller liegt, weil sie seinen Napf geleert hat.

*****

Tante Hedwig hat Bekanntschaft mit dem Krokodil aus dem Kasperletheater gemacht.
Die Schnappschildkröte hat ihren Meister gefunden. Da war plötzlich einer, zwar nur aus Holz, aber der konnte seine Klappe genauso weit aufreißen, hatte mindestens genauso viele Zähne und biss genauso rücksichtslos zu. Und er hatte recht wenig soziale Beißhemmung.

*****

Fritz packt gerade seine Sachen. Dass die Babyschnauze ständig seine Möhren wegfrisst, ist zuviel.

Donnerstag, 20.02.2014

4:23 Uhr: Der Herr des Hauses erwägt, die Nacht zukünftig im Hühnerstall zu verbringen. Die Damen dort stehen zwar auch im Morgengrauen auf, aber sie machen davon nicht so viel Aufhebens.

6:00 Uhr: Man kann tatsächlich erst den Fritz durchkraulen, zum Pipimachen rausschicken und füttern und erst dann Tante Hedwig aus dem Bett holen, zum Pipimachen rausbringen und füttern, ohne in Panik zu verfallen. Man muss es einfach nur tun.

6:20 Uhr: Tante Hedwig mault vor der verschlossenen Badezimmertür, während ich unter der Dusche bin. Ich überlege, ob ich sie in die Badewanne setzen soll. Dort könnte sie machen, was sie will.

6:35 Uhr: Tante Hedwig hat Sportsocken gefunden und macht eine Aromatherapie.

7:20 Uhr: Tante Hedwig kontrolliert Fritzens Napf. Fritz steht im Hintergrund und triumphiert - heute war er schneller!

11:41 Uhr: Anruf von Zuhause. Der Herr des Hauses fragt an, ob ich sehr an meinen Lederhandschuhen gehangen hätte.

13:56 Uhr: Der Herr des Hauses versucht seit Stunden vergeblich, einen Kaffee zu trinken. Immer ist irgend etwas los.
Ich werde sie umtaufen. ~~Tante~~ Teufel Hedwig.
Fritz hat sich im Entengehege verbarrikadiert.

*****

Ich habe einen neuen Nachnamen angenommen. Ich melde mich am Telefon nur noch mit „Was-hat-sie-jetzt-wieder-verbrochen?"
Ich verstehe jetzt, warum der Züchter sich von Tante Hedwig verabschiedet hat mit den Worten „Alles Gute, meine Kleine, und richte nicht zu viel Schaden an." Der hat das gewusst.

Freitag, 21.02.2014

6:00 Uhr: Tante Hedwig hat begriffen, dass man bei uns nicht um 4:23 Uhr aufsteht.

6:05 Uhr: Tante Hedwig beansprucht den überdachten Pipiplatz für sich. Fritz steht missmutig im Regen und gibt ihr die Schuld am Wetter.

6:45 Uhr: Tante Hedwig hat das 0,7 x 1,0 m große Vetbed aus Fritzens Korb gezerrt, durch den Flur ins Wohnzimmer geschleift und dort totgeschüttelt. Ich werde mich beim Hersteller des Vetbeds für die gute Qualität seiner Produkte bedanken, aber Tante Hedwig wahrscheinlich trotzdem unter der Zimmerdecke kardanisch aufhängen.

7:25 Uhr: Tante Hedwig,
  Alter: 9 Wochen und 2 Tage,
  Gewicht: 11,7 kg,
  Größe: noch ziemlich klein,
  hat soeben ihren ersten Job als richtiger Großer

Schweizer Sennenhund, Beschützer von Haus und Hof, gemacht.

Na gut, dass der Einbrecher nur eine Spiegelung in der Glasscheibe der Terrassentür war, das konnte sie nicht wissen.

Aber sie hätte nicht zugelassen, dass er hereinkommt, das schwöre ich.

8:57 Uhr: Anruf von Zuhause. Tante Hedwig hat bereits zum dritten Mal ihre Nase in die Steckdose in der Diele gesteckt. Da Tante Hedwig schon von Natur aus ausreichend unter Strom steht, ist ein weiterer Besuch im Baumarkt zwecks Erwerb von Kindersicherungen erforderlich.

Samstag, 22.02.2014

Die Geräusche, die Tante Hedwig beim Toben auf der Terrasse macht, haben unseren Nachbarn veranlasst zu fragen, ob wir uns einen Tiger zugelegt hätten. Gemessen an der Geruchsentwicklung ihrer Hinterlassenschaften ist es wohl eher ein Iltis.

*****

Hat Ihr Gemüse Wachstumsschwierigkeiten? Nehmen Sie den echten Tante-Hedwig-Dünger!
Haben Sie Probleme mit wuchernden Gehölzen? Der Tante-Hedwig-Schredder wird Ihnen unbezahlbare Dienste leisten!
Benötigen Sie Hilfe beim Umgraben Ihrer Beete? Mit dem Tante-Hedwig-Grubber eine leicht zu bewältigende Aufgabe.
Wünschen Sie eine individuelle Verzierung Ihres hölzernen Gartenzauns? Für die Tante-Hedwig-Fräse kein Problem!
Tante Hedwig, die Universal-Gartenhilfe. <u>Ein</u> Teil für <u>alle</u> Aufgaben, ausdauernd und unverzichtbar.

Sonntag, 23.02.2014

Damit Fritz nach seinem Frühstück in Ruhe ein Nikkerchen machen kann, nehme ich Tante Hedwig kurzerhand mit ins Bad.
Das Totschütteln des Duschvorlegers ist verboten.
Das Herunterzerren der Handtücher von ihrem Halter ist verboten.
Das Entführen meiner Pantoffeln ist verboten.
Das Benagen meiner Zehen ist verboten.
Das Schaukeln im Duschvorhang ist verboten.
Das „Ich-darf-aber-auch-gar-nix-hier"-Gemecker ist verboten.
Der Tantenteufel steigt zur Erkundung bisher unbekannter Gefilde in die Dusche.

Das unvermittelte Aufdrehen des Kaltwasserhahnes zum Zwecke der vollständigen Benässung von Tante Hedwig ist verboten. Schade.

Dienstag, 25.02.2014

Ich möchte mich, gemütlich auf dem Sofa sitzend, in Ruhe dem Genuss einer Salzbrezel hingeben.
Bereits nach drei Sekunden befinde ich mich im Belagerungszustand.
Zu meiner Rechten hat sich ein großer Hypnotiseur positioniert, zu meiner Linken nimmt eine kleine Hypnotiseuse ihren Platz ein.
Nach einer nicht messbar kurzen Zeitspanne bin ich bereits so weit paralysiert, dass ich nicht mehr weiß, wohin ich meinen Blick wenden soll, ohne in dunkle, runde, starre, nur scheinbar ausdruckslose Augen zu sehen.
Diese Augen sind überall.
Sie verfolgen mich.
Sie verfolgen jede meiner Bewegungen.
Sie verfolgen die Brezel, die schließlich ihren Weg in meinen Mund nicht mehr findet.
In perfekter Kooperation gelingt es den beiden Spezialisten, mir zu suggerieren, dass die vollständige Abgabe meiner Brezel zu jeweils gleichen Teilen für alle Beteiligten das Beste wäre.
Gebrochen leiste ich ihrer Anweisung Folge, in der verzweifelten Hoffnung, dass wenigstens die Krümel auf meinem Pullover unentdeckt bleiben.

*****

Tante Hedwig ist nicht nur eine universell einsetzbare Gartenhilfe, sondern auch im Haushalt sehr von Nutzen.
Sie spült alle Näpfe, die sie finden kann, gründlichst aus.
Sie wischt die Küche feucht durch.
Sie lüftet nicht nur ihren, sondern auch Fritzens Korb gründlich aus und schüttelt die Decken und Kissen auf.
Sie räumt unser Schlafzimmer auf und legt mir Sokken, Schuhe, Taschentücher, Bettvorleger vor die Füße. Ich verstehe das als dezenten Hinweis darauf, dass ich meinen Pflichten als ordentliche Hausfrau nicht genügend nachkomme.
Wie sagte meine Schwester neulich? Da bekommt der Begriff „putzig" eine ganz neue Bedeutung.

Freitag, 28.02.2014

Fragestellung: Wie lange dauert es, bis ein gnadenlos tief schlafender Welpe ein direkt vor seiner Nase platziertes Stück Camembert bemerkt und frisst?
Voraussetzung: Die Versuchsanordnung ist dem Welpen gänzlich unbekannt.

Antwort: 8 Sekunden.

Fragestellung: Wie lange dauert es, bis ein gnadenlos tief schlafender Welpe ein direkt vor seiner Nase platziertes Stück Camembert bemerkt und frisst?
Voraussetzung: Die Versuchsanordnung ist dem Welpen bereits bekannt.

Antwort: 3 Sekunden.

Fragestellung: Was passiert, wenn einem gnadenlos tief schlafenden Welpen ein auf einem Stöckchen aufgespießtes Stück Camembert vor die Nase gehalten und das Stöckchen mitsamt Camembert beim Aufwachen des Welpen weggezogen wird?

Antwort: Nichts. Tante Hedwig ist satt.

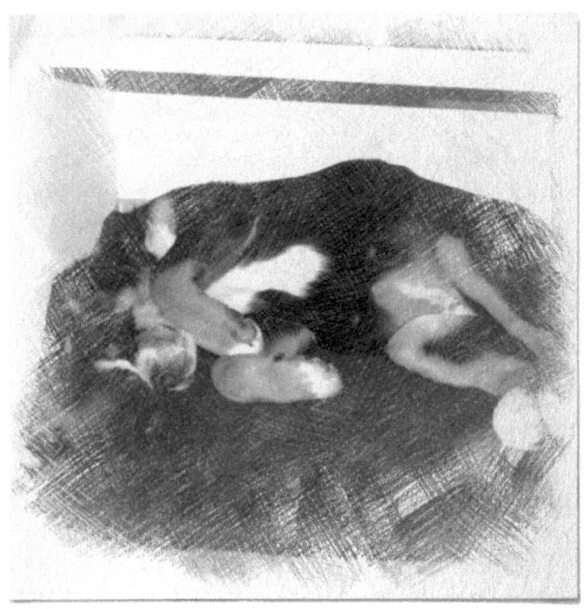

März 2014 - Ein Morgen im Hause J.

5:45 Uhr: Ich, die gut ausgeschlafene und zu neuen Taten bereite Tante Hedwig, nehme das Vogelgezwitscher vor dem Fenster zum Anlass, meine zweibeinige Belegschaft darauf aufmerksam zu machen, dass ich jetzt wach bin und sowohl Nahrungsmittel als auch Unterhaltung wünsche.

5:50 Uhr: Meine Forderung nach einem ausgewogenen Tagesprogramm muss den Umständen angepasst und nachdrücklicher formuliert werden.

5:55 Uhr: Ich erkläre lautstark und ausdrücklich, dass, sofern meine Rudelzweibeiner weiterhin Wert legen auf eine Kooperation meinerseits zum Pipimachen ausschließlich außerhalb des Wohnbereiches, sie jetzt mal bald in die Gänge kommen sollten.

5:56 Uhr: Na also. Geht doch.

6:00 Uhr: Im Garten ist alles in Ordnung. Der Himbeerstrauch ist gegossen.

6:01 Uhr: Ich nehme demonstrativ vor meinem Napf Platz und hoffe wie jeden Tag, dass die bezopfte Zweibeinige mein Futter etwas weniger langsam abmisst.

6:01 Uhr: Da mein Napf bereits leer ist, gehe ich davon aus, dass man mir den für eine artgerechte Entwicklung erforderlichen Anteil an Futter vorenthält. Ich begebe mich deshalb an den Napf meines vierbeinigen Gefährten.

6:02 Uhr: Mist, leer. Na schön, dann sauf ich ihm wenigstens das Wasser weg.

6:04 Uhr: Ich unternehme einige Erkundungsgänge in die diversen Räume meiner Wohn- und Wirkungsstätte.

Die Handtücher, die ich zu meinem Amüsement organisiert habe, werden mir wieder abgenommen.

Seine Schuhe hat der bärtige Zweibeiner weggeräumt.

Im Schlafzimmer residiert vor dem Bett mein vierbeiniger Gefährte und ist nicht gut auf mich zu sprechen.

Ich lasse meinen Unmut an dem Seemannstau an der Haustür aus.

6:45 Uhr: Man nötigt mich zu einem weiteren Gang nach draußen.

Ich muss aber nicht. Ich will auch nicht. Was gleichbedeutend sein kann.

Ich fege ein bisschen durch das Gebüsch, täusche einen Sturz in das Goldfischbecken an und freue mich über das erschrockene Gesicht der Bezopften. Dann darf ich wieder rein.

7:15 Uhr: Das Frühstück ist fertig. Tat man während der Vorbereitung desselben gut daran, sich in der Küche nicht blicken zu lassen, darf man jetzt ohne weiteres vor dem Stuhl des Bärtigen Stellung beziehen.

Gemeinsam mit meinem vierbeinigen Gefährten übe ich mich im Hypnotisieren.

7:25 Uhr: Meine hypnotischen Fähigkeiten sind schon sehr gut, aber durchaus noch ausbaufähig.

7:40 Uhr: Die Zweibeiner verlassen das Haus.

Ich ziehe mich in meine Gemächer zurück, um darüber nachzudenken, womit ich heute den Bärtigen um meine kleine Pfote wickeln kann, solange die Bezopfte weg ist.

*****

Fressen ohne zu kauen. Inhalations-Hedwig.

Samstag, 08.03.2014, Vormittag:

Der Bärtige ist mit dem Auto weggefahren; die Bezopfte hat sich alte Klamotten angezogen und ist auf die Terrasse gegangen.
Ob sie die Tür absichtlich offen gelassen hat oder ob das ein Versehen war, entzieht sich meiner Kenntnis, ist für mich jedoch auch vollkommen nebensächlich.
Auf, ihr nach!!
Der große Fritz leistet meiner Aufforderung spontan Folge, und ich hefte mich an seine Fersen.
Nachdem ich mir die Treppe, die der Fritz in den Garten hinunterspringt, in den letzten Tagen genauestens angesehen habe, beschließe ich, den einfacheren Weg über die Böschung zu nehmen.
Nach einer leider nur sehr kurzen zurückgelegten Strecke meinerseits werde ich unvermittelt am Kragen gepackt und zurück auf Ausgang befördert.
Dies ist nicht in meinem Sinne und erfordert Gegenmaßnahmen.
Die Bezopfte ist zwar dabei, auf der Terrasse ein gewaltiges Chaos anzurichten, aber dennoch sind ihre Reaktion und ihre Bewegungsabläufe in Bezug auf meine Fluchten bergab leider schneller als meine.
Daran werde ich zukünftig arbeiten müssen.

Steter Tropfen höhlt den Stein, denke ich mir, und versuche es mehrfach erneut. Vielleicht ist sie ja auch schneller müde als ich.
Mit Hilfe eines Teils der Dinge, die die Bezopfte auf der Terrasse hin und her bewegt, beginnt sie unvermutet, den Weg zu Treppe und Böschung zu versperren.
Lächerlich! Damit kann sie vielleicht den dicken Fritz beeindrucken, ich aber finde die Schwachstelle zwischen Blumentöpfen, Holzlatten und Grünabfall natürlich sofort.
Diesmal kann ich sogar eine größere Distanz zwischen uns bringen, denn die Bezopfte passt durch die Lücke nicht so gut durch wie ich und muss sich erst den Weg freiräumen.
Dann kommen Bretter zum Einsatz.
Ich lerne schnell. Die Bretter kann man überwinden, indem man darüberhüpft. Diesen Trick muss ich mir unbedingt für diese lästige Kindersicherung vor meinem Schlafzimmer merken!
Leider kann aber auch die Bezopfte hüpfen.
Schließlich wird mittels eines Scherengitters eine Barrikade errichtet.
Pah, durch die Scheren passt mein Kopf durch, und den Rest erledige ich durch gezielten Druck mit den Schultern.
Zu dumm, dass das Scherengitter sehr anhänglich ist und meine Schnelligkeit auf dem Weg nach unten doch deutlich einschränkt. Der blöde Fritz hilft mir aber auch kein bisschen!
Die Bezopfte fischt mich und das Scherengitter aus der Haselnuss und schimpft. Ärgern möchte ich die Bezopfte natürlich auf keinen Fall!
Also gehe ich erstmal zurück ins Haus und schlafe einRündchen.

Mal sehen, was inzwischen auf der Terrasse passiert ist, wenn ich wieder wach bin.

Samstag, 08.03.2014, Nachmittag:

Ich bin wieder wach und zu allem bereit.
Um dem Ausdruck zu verleihen, werfe ich erst einmal den Wassernapf um. Das war allerdings keine so gute Idee, denn der Napf ist ins Wohnzimmer gekippt, und wenn der Bärtige nach Hause kommt, glaubt der bestimmt, das wäre Pipi.
Ich muss mich mit der Bezopften gut stellen, damit sie sich notfalls schützend vor mich stellt.
Wo ist die überhaupt?
Und wie sieht das denn auf der Terrasse aus?!
Wo sind die Blätter, die so lustig rascheln? Und wo sind die Clematisstengel, auf denen man so gut kauen kann? Und überhaupt - nichts ist mehr an seinem Platz! Der ganze interessante Krempel unter der Bank ist auch futsch. Es ist so -- ordentlich. Das ist aber langweilig!
Über dem Gartenstuhl hängt Fritzens Hundedecke.
Oh, da kann man aber schön drin schaukeln.
Ah, da kommt ja auch die Bezopfte.
Spaßbremse. Ich kann doch nicht dafür, wenn der blöde Stuhl bei meinen Turnübungen aus dem Gleichgewicht gerät. Außerdem hätte sie ja nicht die schöne Holzkiste wegräumen müssen. Mit deren Umgestaltung war ich noch gar nicht fertig!
Was hat sie da? Einen Besen? Was macht sie damit?
Oh, das Fegen ist toll! Das geht rasant zur Sache und ist genau das richtige Training für meine Beinchen, Zähnchen und mein Reaktionsvermögen. Diese ulki-

gen Staubmäuse sind auch sehr flink unterwegs. Es ist gar nicht so einfach, die zu fangen und zu beißen, ohne dass man den Besenstiel vor die Rübe kriegt.
Dass der Fritz das doof findet, kapier ich nicht.
Der tobt übrigens gerade im Flur herum. Da muss ich Besen mal Besen sein lassen und schnell nachgucken, warum.
Der Bärtige ist wieder da!!
Der muss natürlich gebührend begrüßt werden. Ich weiß, dass ich nicht hochspringen und nicht in seine Hosenbeine beißen darf, aber ich mach's ja auch nur ganz wenig, das merkt der gar nicht. Außerdem wird ein bisschen Freude ja wohl erlaubt sein.
Der Bärtige findet die Zustände auf der Terrasse auch komisch.
Die Bezopfte behauptet, das Fegen wäre sehr beschwerlich gewesen. Versteh ich nicht. Schließlich habe ich ihr geholfen!
Dann meint der Bärtige, ich sähe aus wie ein kleines Schwein.
Das ist nicht fair! Das sind die Spuren ehrlicher, harter Arbeit. Wer hat denn tatkräftig mitgeholfen, die Terrasse aufzuräumen, und wer hat dafür Sorge getragen, dass die Bezopfte einen amüsanten Tag hatte?!

Montag, 10.03.2014

8:45 Uhr: Hedwig Messner hat ohne Sauerstoffgerät und ohne Sherpas die Kindersicherung bezwungen und erwartet ihren Herrn und Meister mit stolzgeschwellter Brust in der Diele.
8:50 Uhr: Da Tante Hedwig offensichtlich noch Ressourcen frei hat, dreht sie direkt im Anschluss noch eine Runde im Goldfischbecken.
Wann beginnt nochmal die Anmeldefrist für den Ironman?

Donnerstag, 13.03.2014

Ich habe alle Hände voll zu tun, damit wir hier nicht im Chaos versinken.
Ich war nur mal kurz die Hände waschen, aber die 30 Sekunden haben Tante Hedwig ausgereicht, in unserem Schlafzimmer ihr Unwesen zu treiben.
Als ich aus dem Bad kam, lag die Hälfte meiner Schuhe im Flur.

*****

Tante Hedwig, gib dir keine Mühe. Der Plüschtiger vor dem Bett ist bereits tot.

Montag, 17.03.2014

Gestern hab ich, die junge Sennenhündin, dem großen Fritz mal gezeigt, was so eine Schnappschildkröte mit ihren Schnappschildkrötenzähnchen so alles machen kann.
War nicht so doll. Jetzt will er von mir nix mehr wissen.
Dann hab ich mich vor der Bezopften und ihrem Butterbrot aufgebaut und ihr lautstark mitgeteilt, dass ich einen nicht unbeträchtlichen Teil ihrer Nahrungsmittel für mich beanspruche.
War auch nicht so doll. Sie hat auf die Futtertonne gezeigt und gesagt: „Ich nehm' ja auch nichts von deinem Zeug."
Ich würde ihr ja was anbieten, aber ich finde, ich bekomm selber nicht annähernd genug.
Außerdem hat sie gesagt, ich würde ihr drei Paar Schnürsenkel schulden. Ich?? Wieso??
Dann habe ich dem Bärtigen eine Pediküre angedeihen lassen.
Fand der auch nicht so doll. Undankbarer Heini. Dafür hab ich ihm seine Sprudelflasche unters Sofa gerollt. Bis ganz hinten.
Den Verschluss hab' ich leider nicht abgekriegt. Das wäre ein Spaß gewesen…
Die Frau von nebenan ist viel netter. Die hat gesagt, ich wäre eine ganz Liebe, so freundlich, so ruhig, so sittsam. Jetzt verstehe ich, warum der Fritz dorthin umziehen möchte.
Hach, ich glaube, ich geh' mit ihm mit.

*****

Aachen, unendliche Weiten. Wir schreiben das Jahr 2014. Dies sind die Abenteuer des Tantenteufels Hedwig, der ~~mit seiner 400 Mann starken Besatzung~~ seit 3 Monaten unterwegs ist, um fremde Galaxien zu erforschen, neues Leben und neue Zivilisationen. Viele Lichtjahre von der Entwicklung zu einem erwachsenen Großen Schweizer Sennenhund entfernt, dringt die Tante Hedwig in Galaxien vor, die der Fritz nie zuvor gesehen hat.

(Anm. d. Red.: Die 400 Mann starke Besatzung lassen wir lieber weg. Flöhe will hier keiner.)

*****

Schnürsenkel-Paar Nr. 4.

*****

Nein, Fritz, die kann man nicht mehr zurückgeben.

Mittwoch, 19.03.2014, 18:00 Uhr

Ich komme von der Arbeit heim.

Korrekt wäre: Fritz in seinem Korb in der Diele, Tante Hedwig in ihrem Korb in ihrem Schlafzimmer hinter der Kindersicherung, alles unversehrt.

Ist-Zustand: Fritz im Keller, Tante Hedwig in der Diele, der komplette Inhalt eines Töpfchens Schachtelhalmcreme zur Krallenstärkung in Tante Hedwigs Magen.

Aussichten: Tante Hedwig bekommt Krallen wie ein Grizzly oder kackt die nächsten Tage Kieselsteine.

*****

Fritz, die tut nix. Die will nur spielen.

Montag, 26.03.2014

Die haben heute hier mit mir, der empfindsamen Tante Hedwig, etwas ganz Entsetzliches veranstaltet.
Die Bezopfte hat so ein rundes grünes Ding genommen, mit so einem komischen goldenen Trichter vorne dran, und hat das an ihren Mund gesetzt und reingepustet.
UND DANN IST AUS DIESEM TRICHTER SO EIN GETÖSE RAUSGEKOMMEN, DASS MIR DIE OHREN WEGGEFLOGEN SIND!
Der Fritz hat sofort dermaßen angefangen zu heulen, dass ich lieber mal hinter den Ofen geflohen bin.
Der Bärtige hat sich totgelacht.
So eine Gemeinheit.

(Anm. d. Red.: Das war das Signal „Bärtiger tot" für Parforcehorn in B.)

*****

Schnürsenkel-Paar Nr. 5.

Samstag, 29.03.2014

Wenn die Bezopfte im Garten arbeitet und ich mitdarf, das ist toll.
Heute habe ich ihr mächtig geholfen.
Zuerst habe ich die Weidenkätzchen eingesammelt, dann die Moosklumpen, die der Bärtige aus der Dachrinne geholt hatte, dann habe ich die Ästchen von der abgesägten Kirsche geschreddert und schließlich ein paar dicke Hummeln verjagt.
Dazu musste ich noch den Leuten von nebenan Bescheid sagen, dass sie bloß auf der anderen Seite des Zauns bleiben sollen, weil das hier alles uns gehört.
Nachdem ich die Absperrung an der Treppe zum Garten hinunter erfolgreich durchbrochen und mich auf der Wiese zusammen mit dem großen Fritz herrlich ausgetobt hatte, meinte die Bezopfte: „Tante Hedwig, dein Aktionsradius ist eindeutig zu groß."
Das fand ich ja nun nicht, aber noch ist sie stärker als ich.
Sie hat mir dann das Halsband ausgezogen und stattdessen so ein komisches Ding um Hals und Bauch gemacht. Das mochte ich erst gar nicht und hab' versucht, mir das Ding wieder auszuziehen. Außerdem roch das nach einem fremden Hund.
Der Bärtige meinte: „Ach, das Geschirr ist ja noch von unserem Lutz."

Aha. Den kenne ich zwar nicht, aber der Name fällt hier öfter. Das muss ein toller Typ gewesen sein, denn immer, wenn sie von dem sprechen, lächeln sie.

Es war mir dann natürlich eine Ehre, dessen Geschirr zu tragen.

Dann hat die Bezopfte eine wahnsinnig lange Leine genommen, das eine Ende an mein Geschirr gehakt und das andere Ende um einen Baumstamm gebunden.

Weil ich ja lieb bin, habe ich auch nicht sehr gemekkert. Außerdem kann ich mich auch auf kleinerem Terrain herrlich amüsieren. Da waren aber auch so viele tolle Sachen zu beschnuppern und zu benagen! Allerdings kriegt man das meiste gleich wieder abgenommen.

Ich mag es gar nicht, wenn man mir immer im Maul 'rumfischt!

Super fand ich, als die Bezopfte wieder anfing zu fegen. Sie hat dann so Sachen gesagt wie „Boah, Hedwig" oder „Bist du nicht langsam mal müde?" oder „So kann ich nicht arbeiten" oder so. Das macht sie, um mich anzuspornen, damit ich ihr noch doller helfe. Hab' ich dann auch prompt gemacht.

Und dann hat sie mir den einen Besen überlassen und einen zweiten Besen genommen.

Ich bin zwar noch klein, aber nicht doof. Außerdem nehme ich es auch mit zwei Besen gleichzeitig auf. Das war ein Spaß! Immer, wenn ich den einen Besen ergattert hatte, hat sie den anderen genommen, aber ich war jedesmal schneller.

Ob sie es beim nächsten Mal mit drei Besen versucht?

Leider bin ich dann irgendwann tatsächlich doch ein wenig müde geworden. Die Bezopfte hat gesagt: „Tante Hedwig, bevor du anfängst zu eiern statt zu

laufen, gehen wir jetzt hoch und schlafen ein Ründchen."
Sie durfte mich die Treppe hochtragen, denn das hätte ich allein wohl nicht so gut gekonnt. Aber gejammert und gekeucht hat sie und was von „40 Kilo" oder so gemurmelt.
Ja sicher, ich will ja groß und schwer und stark werden.
Wegen dem Aktionsradius…

Sonntag, 30.03.2014

Tante Hedwig hat auch dem Herrn des Hauses helfen und an seiner Armbanduhr die Sommerzeit einstellen wollen.
Mal sehen, wann er bemerkt, dass die Uhr nun kein funktionsfähiges Armband mehr hat.

Freitag, 04.04.2014

Gestern hat sich ein erwachsener Jack Russel-Terrier nicht an der kleinen Tante Hedwig vorbeigetraut.
Ich schwöre, dass Tante Hedwig nichts, aber auch absolut gar nichts gemacht hat. Außer einer Bürste, die sie hat aussehen lassen wie einen Stegosaurus.

*****

Ich glaube, ich bin in einem Spaßbremsen-Haushalt gelandet.
Ich darf keine Rhododendronblätter fressen. Aber die schmecken doch so gut.
Ich darf nicht an meinen Napf, bevor die Erlaubnis dazu kommt. Aber ich hab' doch immer so großen Appetit.
Ich darf den Fritz nicht beim Fressen stören. Aber der lässt doch immer so leckere Krümel für mich danebenfallen.
Ich darf den neuen Spielball nicht schreddern. Aber das ging doch so einfach.
Ich darf der schlafenden Bezopften nicht mit allen vier Füßen ins Gesicht springen. Aber das ist doch von mir als liebe Überraschung gedacht.
Ich darf dem Bärtigen nicht in den Bauch beißen. Aber der hat doch genug davon.
Ich darf nicht auf deren Bett herumhüpfen. Aber das macht doch so einen irren Spaß.
Wenn ich das gewusst hätte…

*****

Schatz, war dieses Formular wichtig? Kannst du das eventuell nochmal anfordern? Was da draufstand? Weiß ich nicht, zur Identifikation ist nicht mehr genug übrig.

Samstag, 12.04.2014

Wenn die Bezopfte samstags ihre Arbeitsklamotten anzieht, wird's spannend.
Diesmal hat sie schon morgens erlaubt, dass ich mit dem Fritz im Garten herumtobe. Sie hat wohl geglaubt, dann wäre ich zu müde, wenn sie mit ihrer Arbeit loslegt. Weit gefehlt, als Universal-Haushalts- und -Gartenhilfe bin ich nie zu müde zum Helfen.
Auf der Wiese waren wieder diese komischen Typen unterwegs. Die sehen aus wie Flaschen auf Beinen, und die machen immer „quak quak". Die Bezopfte hat gesagt, das seien Laufenten und mit denen dürfe man nicht spielen. Das war mir aber auch egal. Den Fritz jagen und versuchen, in seine Seite zu zwicken, ist sowieso viel spannender.
Irgendwann war es dem Fritz dann aber zuviel. Also konnte ich mich anderen Aufgaben widmen.
Die Bezopfte war die ganze Zeit damit beschäftigt, Holzstücke durchs Haus in den Garten zu schleppen. Kleine Holzstücke, große Holzstücke, riesige Holzstücke, gigantische Holzstücke.
Der Bärtige machte mit so einem Krachmach-Dings daraus lauter lustige Stöckchen. Ich konnte mich gar

nicht entscheiden, welches ich denn nun nehmen sollte. Leider hat mir der Bärtige dann das Herumlungern am Holzstapel verboten. Zu gefährlich, meinte er. Pfft, dabei habe ich vor seinem Krachmach-Dings überhaupt keine Angst, und auf den Kopf gefallen ist mir auch nichts, da hat die Bezopfte schon aufgepasst.
Naja, dann habe ich mir eben andere Sachen zum Spielen gesucht.
Allerdings haben meine Menschen eine etwas eigene Auffassung von dem, was zum Spielen geeignet ist und was nicht.
Ganz schlimm wurde das Gezeter, als ich mit beiden Vorderpfoten im frisch eingesäten Oregano stand.
Dieses Gezeter war aber noch gar nichts im Vergleich zu dem Geschrei, das die Bezopfte veranstaltet hat, als der Fritz in dem neu gemachten Rosenbeet herumgetrampelt ist und die Heidekraut-Umrandung von allen Seiten begossen hat. Und dann konnte sie nicht mal hinterher und ihn verjagen, weil sie dafür nämlich die Absperrung an der Treppe hätte wegmachen müssen, und dann wäre ich dem Fritz natürlich sofort zu Hilfe geeilt. Und werfen kann sie nur ganz schlecht. Sie trifft nämlich nicht.
Jetzt hab ich beim Fritz was gut.
Und bei dem Bärtigen hatte ich anscheinend auch noch was gut; denn ich durfte abends vor dem Fernseher auf seinem Schoß sitzen.
Niemand hat bemerkt, dass ich meine Oregano-Pfoten an seiner Hose abgeputzt hab'.

Dienstag, 15.04.2014

Tante Hedwig hat im Wartezimmer des Tierarztes einen vorlauten Husky mit ihrer Stegosaurus-Nummer zum Schweigen gebracht.
Sodann hat sie sich ohne zu zögern ihre Nachimpfung geben lassen, um anschließend sämtliche in der Praxis verfügbaren Leckerlis zum Eigenbedarf anzumelden.
Ein darauf folgender Besuch bei unseren Nachbarn zur Rechten sowie zur Linken ergab keinerlei unerwünschte Kollateralschäden.
Nach Rückkehr ins heimische Domizil war ein rekordverdächtiger Sprint auf die Terrasse erforderlich.
Auf der dort nunmehr befindlichen Lache kann problemlos die gesamte englische Marine ankern.

Dienstag, 22.04.2014

Tante Hedwig meldet den Verlust von zwei Schneidezähnchen im Unterkiefer. Womöglich stecken die jetzt irgendwo im Fritz.
Ihre Beißkraft wird dadurch allerdings nur unwesentlich beschränkt.

*****

Fritz, du kannst aus dem Keller kommen, sie schläft.

Sonntag, 11.05.2014

Heute durfte ich während der Autofahrt zum ersten Mal zusammen mit dem großen Fritz hinten auf der Ladefläche sein.
Ich habe mich sehr gut benommen und den Fritz auch nicht gezwickt. Der Fritz war viel aufgeregter als ich.
Dass durch die Klappe vorne rechts in der Trennwand immer mal wieder was Leckeres zu uns durchgeschoben wurde, habe ich sehr schnell bemerkt. Dreimal war der Fritz schneller als ich. Danach nicht mehr.
Wir haben einen tollen Spaziergang gemacht. Erst musste ich Fuß gehen, aber dann gaben die Zweibeiner mir Recht, dass Rennen und Toben mit dem Fritz viel schöner ist.
Es waren auch fremde Leute da, die fanden mich nett. Ich hab' denen aber gleich klargemacht, dass ich ein Großer Schweizer Sennenhund bin und im Zweifelsfalle alles, was zu mir gehört, bewache.
Außerdem haben sie den großen Fritz gesehen, und der hat sie schwer beeindruckt. Dazu brauchte der nicht mal was zu sagen. Der hat nur geguckt, sonst nichts.
Ich habe ein paarmal versucht auszubüxen. Da musste die Bezopfte ganz schön rennen, um mich wieder zu fangen.
Auf der Rückfahrt habe ich ein bisschen gespuckt. Da haben die Zweibeiner gesehen, dass ich heute Morgen auf der Terrasse die runtergefallenen grünen Kirschen weggeräumt hab'. Komplett, mit Stiel, wie sich das für eine ordentliche Gartenhilfe gehört.

Jetzt ist die Bezopfte gerade mit dem Besen draußen, und ich darf weder beim Fegen noch beim Kirschenentsorgen helfen.
Das soll mal einer verstehen!
Naja, macht nichts. Ich geh jetzt sowieso in die Küche. Ohne die Kirschen ist mein Magen ziemlich leer. Ich muss mal gucken, ob ich irgendwo was Essbares ergattern kann.

*****

Tante Hedwig ist eine ordentliche Küchenhilfe. Alles, was über die Wurst- oder Käseplatte hinausragt, wird konsequent begradigt.

Dienstag, 20.05.2014

Die Lochzange geht kaputt. Der Reißzahn oben links ist weg.
Bald ist's vorbei mit der Schnappschildkröte und ihrer Perforationsmaschine.

Donnerstag, 22.05.2014

3:40 Uhr: Tante Hedwig erscheint unaufgefordert im Schlafzimmer, tritt gegen das Bett, zieht dem Herrn des Hauses ihre Zunge quer durchs Gesicht und teilt der gesamten Belegschaft mit, dass sie einen dringenden Gang in den Garten wünscht.

3:45 Uhr: Der Herr des Hauses bestätigt: es war dringend.

3:50 Uhr: Tante Hedwig erscheint erneut unaufgefordert im Schlafzimmer, tritt gegen das Bett, zieht dem Herrn des Hauses ihre Zunge quer durchs Gesicht und teilt der gesamten Belegschaft mit, dass sie dringend eine Mahlzeit wünscht.
Auch diesem Wunsch kommt man nach.

4:00 Uhr: Fritz erscheint unaufgefordert im Schlafzimmer, tritt gegen das Bett und fordert lautstark: „Gleiches Recht für alle!"

4:01 Uhr: Tante Hedwig kommt vorbei und will wissen, was los ist.

4:02 Uhr: Tante Hedwig und Fritz werden in ihre Betten befördert.

4:03 Uhr: Fritz akzeptiert die Autorität seines Herrn nicht und marodiert durch den Flur.

4:04 Uhr: Tante Hedwig findet das sehr unterhaltsam und will mitmachen.

4:06 Uhr: Tante Hedwig wird unter Androhung massiver Gewalt gegen Minderjährige in ihr Bett geschickt. Fritz wird gezwungen, auf dem Bettvorleger Platz zu nehmen.

4:20 Uhr. Fritz fühlt sich durch die geschlossene Schafzimmertür in seinem Bewegungsdrang behindert und verlangt die Öffnung derselben.

4:35 Uhr: Die Schlafzimmertür ist wieder geöffnet. Fritz liegt auf freiwilliger Basis vor dem Bett, Tante Hedwig hat sich für das Plüschtigerfell daneben entschieden.
Wir begegnen allen weiteren Forderungen, indem wir uns tot stellen.
5:00 Uhr: Tante Hedwig schnarcht. Fritz schnarcht nicht, er zersägt komplette Schonungen zu Kleinholz.
5:45 Uhr: Der Wecker klingelt.
10:15 Uhr: Ich schlafe im Büro vor dem PC beinahe ein und erwäge den Gedanken, die beiden vierbeinigen Nervensägen zur Vermittlung freizugeben.

Teil 2 - Willkommen, Tante Lotte

Samstag, 15.06.2014

14:00 Uhr: Während ich mir auf der Heimfahrt vorne mit Tante Lotte ein paniertes Hühnerschnitzel teile, versucht Tante Hedwig hinten im Auto, den kompletten Inhalt des umgefallenen Hundefuttersackes zu vernichten, was uns zu einer Vollbremsung und energischem Einschreiten zwingt.

Weitere ernst zu nehmende Vorfälle gibt es nicht, außer dass Tante Hedwig permanent ihre Nase durch die Klappe in der Trennwand steckt und mosert.

Der Hinweis, dass man zwei muntere Tanten-Schwestern unmöglich unbeaufsichtigt im hinteren Teil eines Caddys transportieren kann, verhallt ungehört.

Derweil frönt zuhause der Fritzlein ausgiebig seiner lang ersehnten Einsamkeit und ahnt nichts.

16:00 Uhr: Tante Lotte wird in Aachen vorstellig.

Fritz versucht angestrengt zu ergründen, warum die kleine Hündin zwar aussieht wie Tante Hedwig, aber nicht so riecht.

Tante Hedwig randaliert im Auto und will zu ihrer Schwester. Wir geben ihrem Wunsch nach.

16:10 Uhr: Fritz sieht doppelt und fragt sich, ob in seinem Frühstück eventuell halluzinogene Substanzen enthalten waren.

17:10 Uhr: Nach einer ausgiebigen Besichtigungstour durch sämtliche Räume im Erdgeschoss einschließlich Terrasse unter fachkundiger Führung von Tante Hedwig kommt es zu einer ersten Annäherung an den Herrn des Hauses, der großzügig leckere Dinge verteilt.

Fritz ist es egal, ob er doppelt sieht, solange er doppelte Ration dieser Gaben erhält.

ab 18:00 Uhr: Live-Programm mit Tante Hedwig und Tante Lotte. Die Familie benötigt auf längere Sicht keinen Fernseher mehr.

Fritz hat gemütlich seine Pfoten unter dem Kinn gefaltet und lächelt.

Sonntag, 16.06.2014

Tante Hedwig hat sich im Kampf um das Zerrseil rittlings auf ihre Schwester gesetzt. Dann hat sie irrtümlich nicht Tante Lottes Bein erwischt, sondern in ihr eigenes Hinterbein gebissen.

Freitag, 20.06.2014

Ich habe Tante Lotte die Kühe auf der Weide gezeigt.
Sie zeigte sich höflich interessiert und wandte sich dann anderen Dingen zu.
Danach bin ich mit Tante Hedwig an der Weide entlang gegangen.
Tante Hedwigs Bürste nahm gigantische Ausmaße an, und mit Geknurr und Getöse war sie fest entschlossen, es - wenn nötig - mit der gesamten Herde aufzunehmen.

*****

Ich werde wahrscheinlich in absehbarer Zeit vom Geologischen Dienst Post bekommen mit der Bitte um Erklärung der seit knapp zwei Wochen in regelmäßigen Abständen auftretenden seismischen Aktivitäten, deren Epizentrum eindeutig im Bereich unseres Grundstückes liegt.
Dass es sich dabei um das Getobe von zwei halbwüchsigen Großen Schweizer Sennenhündinnen handelt, wird mir kein Mensch glauben.

Mittwoch, 25.06.2014

Um 4:00 Uhr hat der Herr des Hauses den Tanten zu fressen gegeben, damit das Getobe rund um unser Bett aufhört. Leider vergeblich.
Als allerdings um 5:45 Uhr der Wecker klingelt, fallen die beiden Terroristinnen schlagartig in einen komatösen Tiefschlaf.

*****

Man sollte sich nie dazwischen begeben, wenn zwei Tanten sich balgen. Im Eifer des Gefechts haben sie mir beide ins Knie gebissen.

Hallo, guten Tag.

Ich bin Tante Lotte.
Ich finde, das ist ein schöner Name. Den hat mir mein Menschenpapa, der mich und meine Brüder und Schwestern auf erster auf dieser Welt begrüßt hat, gegeben.
Ich hatte das bloß eine Weile vergessen, bis die Bezopfte mich wieder so nannte.
Ich höre sehr gern darauf.
Die Bezopfte und den Bärtigen habe ich vor langer, langer Zeit bei meinem Menschenpapa auch schon mal kennengelernt; ich kann mich noch an ihren Geruch erinnern. Ich weiß noch, dass ich da noch sehr klein war und dass es mir gut ging.
Danach ging es mir eine Weile nicht mehr so gut. Es war nicht schön dort, wo ich wohnte.
Als ich es fast nicht mehr ausgehalten hab', bin ich zu einer netten Frau gekommen mit zwei netten Hunden. Aber der kleinere von diesen beiden mochte nicht so gern mit mir spielen und hat sich immer vor mir versteckt, und so haben wir uns wieder voneinander verabschiedet. Aber besuchen darf ich sie jederzeit, das haben sie mir versprochen.
Und dann, stellt euch vor, habe ich die Bezopfte, den Bärtigen und eine meiner Schwestern, die Tante Hedwig, wiedergefunden!! Und zusätzlich habe ich jetzt noch einen starken Beschützer, den großen Fritz.
Mit Tante Hedwig darf ich hier nach Herzenslust spielen, toben, raufen und schmusen.
Mit dem großen Fritz darf ich Küsschen und zarte Nasenstüber tauschen; nur an seine Füße darf ich nicht kommen, die sind ihm wohl heilig.

Manchmal darf ich ihn auch ein bisschen jagen. Aber das mache ich nicht oft; ich möchte ihm auf keinen Fall auf die Nerven gehen.
Die Hedwig ist da weniger zartfühlend. Aber ich muss ihr ja nicht alles nachmachen!
Überhaupt stelle ich eigentlich gar nichts Schlimmes an.
Die Bezopfte und der Bärtige bringen mir allerlei lustige Dinge bei, zum Beispiel wie man Möhren und Äpfel isst und dass man auch Nudeln und Bananen und viele andere leckere Dinge essen kann, die ich vorher gar nicht kannte.
Mäuse jagen, um meinen ärgsten Hunger zu stillen, muss ich nun nicht mehr.
Ich kann auch schon Quarktöpfchen auslecken, und ich mache das sehr, sehr gründlich!
An der Leine gehe ich auch ganz brav. Naja, meistens jedenfalls.
Wenn ich so weitermache, darf ich zusammen mit dem großen Fritz spazieren gehen. Darauf freue ich mich schon. Er und ich sind uns im Charakter ziemlich ähnlich, sagt der Bärtige.
Mit Hedwig zusammen darf ich allerdings noch nicht spazieren gehen; die Bezopfte sagt, ein Sack Flöhe wäre leichter zu hüten.
Naja, wir werden sie schon noch vom Gegenteil überzeugen!
Also, ich finde, ich habe es mit meinem neuen Rudel doch sehr gut getroffen.
Und jetzt gehe ich mal gucken, was Hedwig so treibt. Tschüss.

Sonntag, 06.07.2014

Gestern durfte ich ohne Leine laufen.
Das war fein! Ich bin viel gerannt, habe hier geschnüffelt und dort geschnuppert und habe übermütige Hüpfer gemacht.
Als ich durch den Weidezaun auf die Kuhweide geguckt habe, kam von der Bezopften ein strenges „Nein", und da bin ich schnell zu ihr zurück gerannt.
Bei ihr ist es sowieso viel interessanter als auf so einer langweiligen Wiese.
Bloß bei Fuß gehen ohne Leine - das ist doof. Warum muss ich das? Ich finde das völlig überflüssig. Da muss ich mit der Bezopften nochmal drüber reden.
gez. Tante Lotte

Gestern durfte ich ohne Leine laufen.
Das war fein! Ich bin viel gerannt, habe hier geschnüffelt und dort geschnuppert und habe übermütige Hüpfer gemacht.
Als ich durch den Weidezaun auf die Kuhweide geguckt habe, kam von der Bezopften ein strenges „Nein", und da bin ich schnell unter dem Zaun durch auf die andere Seite.
Und was macht die Bezopfte? Sie läuft einfach weg. So eine Gemeinheit! Da bin ich natürlich sofort zu ihr zurück.
Und dann habe ich die ganze Zeit immer gucken müssen, ob sie noch da oder etwa schon wieder weggerannt ist.
Das geht ja gar nicht. Da muss ich mit der Bezopften nochmal drüber reden.
gez. Tante Hedwig

Sonntag, 06.07.2014

Auf meinen Spaziergängen mit Hund komme ich jeden Tag auf Hin- und Rückweg an einem Grundstück vorbei, auf dem oft der Golden Retriever „Joey" hinter dem Zaun sitzt und schrecklich schimpfen muss, wenn Passanten mit Hund vorbeigehen.
Gestern auf dem Hinweg mit Tante Lotte gab es die obligatorische Schimpfkanonade seitens Joey: „Wau wau wau wau wau", lang, laut, anhaltend.
Wir zogen selbstverständlich völlig unbeeindruckt vorbei.
Auf dem Rückweg mit Tante Lotte war Joey abwesend.
Etwas später, auf dem Hinweg mit Tante Hedwig, war Joey immer noch abwesend.
Auf dem Rückweg mit Tante Hedwig lag Joey wieder im Vorgarten hinter dem Zaun, sah uns kommen und erhob sich, um sein übliches Geschrei anzustimmen. Aber dann blickte er Tante Hedwig und mich völlig verwirrt an.
„Wie kann das sein? Die Frau geht mit einer Hündin los und kommt mit einer anderen zurück? Oder ist es doch dieselbe Hündin, und die riecht nur anders?"
Und aus seinem Maul kam nur ein leises, zögerlich fragendes „Wuff?"

*****

Rechenaufgabe:
Wie lange dauert es, bis zwei Tanten drei 60 Jahre alte Rhododendren plus einen Acer palmatum durch Begießen, Anknabbern und Zerkratzen ruiniert haben?
Um die Aufgabe noch etwas anspruchsvoller zu machen:
Tante Hedwig arbeitet an der Gartengestaltung seit Februar, Tante Lotte unterstützt sie seit Juni.
Stellen Sie den Lösungsansatz auch graphisch dar.

Dienstag, 08.07.2014

Also, eigentlich mag ich die Bezopfte ja ganz gut leiden. Aber gestern…
Ich hatte gerade meiner Schwester Hedwig gezeigt, wie man fachmännisch Tiefbergbau betreibt, und zwei prächtige Gruben ausgeschachtet, Abraumhalden aufgeschichtet und eine tiefgreifende Rodung durchgeführt, als die Bezopfte wissen wollte, womit wir da so intensiv beschäftigt sind.
Erst hat sie über meine erdige Nase und meine schmutzigen Füße gelacht, aber dann hat sie uns für mehr als eine Stunde Terrassenverbot erteilt.
Wir haben uns die ganze Zeit an der Terrassentür die Nase plattgedrückt und uns gefragt, was die da draußen wohl treibt.

Als wir wieder raus durften, haben wir's gesehen: sie hat einen Zaun aufgestellt - einen richtig dicken, schweren, unüberwindbaren Zaun!
Sie hat gesagt, wir hätten ihre Himbeertriebe auf dem Gewissen, und so könne es nicht weitergehen. Den Acer palmatum hat sie gleich mit eingezäunt.
Und dann hat sie auch noch frech geguckt und zu uns gesagt, wir sollen jetzt bloß nicht auf die Idee kommen, in den Kirschbaum zu klettern und uns von da oben in den eingezäunten Bereich hineinfallen zu lassen.
So eine Unverschämtheit!
Zur ausgleichenden Gerechtigkeit haben wir heute Morgen ein riesiges Stück Holz aus dem Feuerstapel organisiert und auf dem Wohnzimmerteppich fachmännisch zerkleinert.
Das sieht jetzt dort aus wie nach einer Explosion.
Tja, jetzt ist die Bezopfte weg. Wahrscheinlich ist sie beleidigt.

Freitag, 11.07.2014

Hallo Leute!
Stellt euch vor - ich habe Post bekommen! Ich, Tante Lotte.
Ein ganz tolles Paket. Von „Trüffel".
Das sah schon von außen so vielversprechend aus. Auf allen Seiten waren so appetitliche Fotos draufgemacht, lauter Fotos von Steaks und Würsten und so.
Der Bärtige hat das dann für mich aufgemacht.

Da waren so grüne Ästchen drin. Erst dachte ich, das wär' was zum Kauen; aber der Bärtige sagte, das seien Himbeertriebe und die wären für die Bezopfte.
Was die bloß immer mit ihrem Grünzeug hat?
Wir haben ihr doch erst letztens den Oregano aus dem Blumenkasten rausgeholt und in den Teich geschmissen, weil Oregano doof ist.
Jetzt hat sie diese grünen Himbeerästchen hinter den neuen Zaun gesetzt. Das ist auch doof.
Aber in dem Paket war auch noch was Leckeres für mich drin: Snacks aus Hühnerfilet.
Liebe Trüffel!
Ich möchte mich ganz, ganz lieb bei Dir dafür bedanken.
Darf ich die mit Hedwig teilen? Und darf auch der liebe Fritz davon was abhaben?
Die Bezopfte hat zu mir gesagt: „Tante Lotte, du führst hier ein richtiges Lottenleben."
Was meint sie bloß damit?
Darüber muss ich jetzt mal nachdenken. Tschüss.

Donnerstag, 17.07.2014, 17:30 Uhr

Frau J. möchte nach wochenlanger Überlegung und gründlichen Recherchen sechs bis acht Goldfischen ein neues Zuhause in ihrem Becken auf der Terrasse bieten. So machen sich Herr und Frau J. zu einem entsprechend ausgerüsteten Fachhandel auf.
Die Fischfachverkäuferin hat aufgrund der dringenden Tätigkeit des Fischefütterns keine Zeit für ihre Kundschaft.
Das Tantengeschwader brütet derweil finstere Vorhaben aus.

Freitag, 18.07.2014, 17:30 Uhr

Die Fischfachverkäuferin hat aufgrund der dringenden Tätigkeit der Fußbodenpflege wiederum keine Zeit für ihre Kundschaft.
Das Tantengeschwader erkundet in der Zeit den vorgesehenen Tatort.

Samstag, 19.07.2014, 10:00 Uhr

Die Fischfachverkäuferin hat wichtige Kundschaft, die sich nicht zwischen dem Koi mit dem roten Fleck über dem linken Auge, dem Koi mit dem schwarzen Fleck auf dem Bauch und dem Koi mit den gelben Streifen entscheiden kann, und deshalb erneut keine Zeit.
Frau J. gerät in Wut und reagiert entsprechend, riskiert Hausverbot und verlässt ohne Fische das Areal.

Das Tantengeschwader eruiert zwischenzeitlich die möglichen Fluchtwege.

Montag, 21.07.2014, mittags

Das Tantengeschwader nutzt eine kurze Abwesenheit von Herrn J. und setzt seinen finsteren Plan in die Tat um. Als Herr J. das Wohnzimmer betritt, fehlt dem ausgestopften Wildschwein, das dekorativ vor dem Kamin liegt, das linke Ohr.
Das Tantengeschwader mimt Unschuld. Fritz weiß von nichts.

Mittwoch, 23.07.2014, 19:00 Uhr

Der Fischteich auf der Terrasse von Familie J. beherbergt nunmehr sechs Goldfische, die etwa die Größe unterernährter Guppies aufweisen und kurz nach ihrer Ankunft in dem Becken nicht mehr zu finden sind.
Frau J. verbringt den Rest des Abends und die Hälfte der darauf folgenden Nacht mit Taschenlampe suchend am Beckenrand.
Das Tantengeschwader nutzt die Gelegenheit und verkürzt das rechte Vorderbein der Wildsau auf ein Viertel seiner ursprünglichen Größe.

Donnerstag, 24.07.2014

11:30 Uhr: Nachdem Herr J. sich ebenfalls längere Zeit zur Fischsuche am Beckenrand aufgehalten

hat, verlangt er nach größeren Goldfischexemplaren.
Zusätzlich bepinselt Herr J. die Wildsau großflächig mit Tabasco.
Das Tantengeschwader beobachtet sehr interessiert seine Aktivitäten.

11:45 Uhr: Das Tantengeschwader unterzieht die Wildsau einer oralen Prüfung.

Seit Donnerstag, 24.07.2014, 11:45 Uhr, ist das Tantengeschwader beleidigt.

Samstag, 02.08.2014

Verbrecherbande!
Während ich im vorderen Teil des Wohnzimmers staubsauge, fressen sie im hinteren Teil der Wildsau die Nase ab.
Das Taschengeld für die nächsten fünf Jahre ist gestrichen.
Tabasco ist auch nicht mehr das, was es mal war.

*****

Tante Hedwig träumte schlecht und weinte im Schlaf. Da stand Tante Lotte auf und kam herüber, legte sich neben ihre Schwester und legte ihr die Pfote auf die Schulter.
Und alles war gut.

Mittwoch, 06.08.2014

Die Heizperiode 2014/2015 ist gesichert.
Die Heizperiode 2015/2016 und folgende sind dank Tante Hedwigs Aktivitäten dem Tanklastzugfahrer gegenüber mehr als gefährdet.

Tante Hedwig war offensichtlich nicht damit einverstanden, dass ein fremder Mensch sich an unserer Hauswand zu schaffen macht und verdächtige Flüssigkeiten in das Innere des Hauses pumpt.
Weiterhin hielt sie wohl die mangelnde Verteidigungsbereitschaft ihrer zwei- und vierbeinigen Hausgenossen für unangebracht.
Größerer Schaden an Heizölmann, Heizölschlauch und Heizöltanklastwagen konnte nur durch die Standhaftigkeit des schmiedeeisernen Gitters vor unserem Hauseingang vermieden werden.

Montag, 11.08.2014

Drei Hunde sitzen vor mir und starren auf das Butterbrot in meiner Hand.
Fritz
    macht riesengroße runde Augen mit einem Blick unter Tränen zum Steinerweichen:
    „Oh, ich wünschte, du würdest mir davon was abgeben. Ich bin doch so hungrig, und ich müsste sonst bestimmt verhungern!"
Tante Lotte
    reißt voll freudiger Überraschung die Augen auf:
    „Oh, das sieht aber lecker aus! Das ist bestimmt auch lecker. Wenn du mir davon was abgeben würdest, das wäre toll!"
Tante Hedwig
    kneift die Augen zu Schlitzen zusammen:
    „Gib das her!"

15.08.2014 - Zwischenbilanz

Tante Lotte ist jetzt seit zwei Monaten bei uns.
Es ist sehr bedauerlich für die Industrie von Fertigsnacks, dass das tägliche Laufpensum mich davon abhält, meine Füße vor dem Fernseher hochzulegen und allabendlich größere Mengen in Fett gerösteter Kartoffelscheiben zu mir zu nehmen.
Im Gegenzug ist der Futtermittel-Hersteller sehr erfreut über den gesunden Appetit der drei Vierbeiner.
Dies wiederum erzürnt den Besitzer des Fitnessstudios unseres Paketboten, der auch ohne Gerätetraining einen nicht unbeträchtlichen Muskelaufbau seiner Oberarme verzeichnen kann.
Die anfallenden Stromkosten, die sich aus dem Umstand ergeben, dass ich beim Zubettgehen über der Betrachtung der schlafenden Tanten jeden Abend andächtig lächelnd einschlafe, ohne das Licht der Nachtischlampe zu löschen, können mit dem Wegfallen der Stromkosten für den unbenutzten Fernseher ausgeglichen werden.
Die Steigerung der Stromkosten hinsichtlich des Dauereinsatzes des Staubsaugers kann möglicherweise durch den Bau eines Biokraftwerkes auf der Basis von Hundekot aufgefangen werden.
Ein nicht zu vernachlässigender Punkt ist die Einsparung von Bewirtungskosten wegen des Fernbleibens jener Besucher, deren Wunsch, vor ihrem Betreten des Hauses unsere Hunde in den Keller zu sperren, von unserer Seite nicht entsprochen wird.
Nicht zu vergessen auch die Ersparnis bei den Kosten für den Lungenfacharzt bzw. für die Atemtherapie

aufgrund des täglichen Trainings von Stimmbändern und Lungenkapazität.

Des Weiteren profitiert die gesamte Nachbarschaft vom Einsatz der unbestechlichen Dreifach-Alarmanlage sowie von den kostenlosen Straßentheater-Aufführungen „Der Kasper und das doppelte Lottchen", „Wir üben das gesittete Autofahren", „Jagdsignale für Horn und drei Hunde" und anderen.

Dialog

(Wohnzimmer, Tante Hedwig, Tante Lotte)

TH: Na, Schwester, jetzt bist du schon so lange hier. Sag mal - gefällt's dir hier eigentlich?

TL: Oh ja, ich find's hier richtig toll!

TH: Echt?

TL: Ja! Hier sind alle so lieb zu mir. Erst hatte ich ja ein bisschen Angst vor dem Bärtigen, aber der ist gar nicht so schlimm.

TH: Aber der petzt immer gleich, wenn wir was angestellt haben.

TL: Wir stellen doch nichts an!

TH: Und die Sache mit dem Holzscheit vor dem Kamin?

TL: Ach das. Wenn das vor dem Kamin liegt statt darin, dann gehört das uns, und wir dürfen damit machen, was wir wollen.

TH: Das sah der Bärtige aber ganz anders.

TL: Der soll sich nicht so anstellen. Weggefegt hat es die Bezopfte, und die hat nicht geschimpft.

TH: Ja, die lacht bloß immer.

TL: Naja, nicht immer. Den angeknabberten Türrahmen fand sie überhaupt nicht lustig.

TH: Stimmt, da war sie böse. Da ist sie ja sogar schimpfend hinter dir her.

TL: Ich hatte aber einen tollen Beschützer. Der große Fritz hat gebrummt und gesagt, sie soll nicht so streng mit mir sein.

TH: Jaja, der Fritz. Warum sagt die Bezopfte eigentlich immer „Fritzlein" zu diesem Monstrum?

TL: Ich glaube, die hat eine gestörte Wahrnehmung. Die sagt zu uns ja auch auch immer „ihr dicken Tanten".

TH: Wir können ja gar nicht dick sein. Ich finde, die rückt nie genug Essbares raus.

TL: Du musst das so machen wie ich.

TH: Wie denn?

TL: Du musst dich vor sie hinstellen und dir mit der Zunge ganz schnell über das Maul fahren, so als ob dir was an den Schneidezähnen hängen würde. Dann denkt sie, du hättest ein Magenproblem, und gibt dir sofort einen Hundekeks.

TH: Oh, das ist eine prima Idee.

TL: Du darfst das aber nicht zu oft machen. Beim letzten Mal hat sie's gemerkt und gesagt: „Hör auf mit dem Blödsinn."

TH: Nein, doof ist sie nicht. Leider.

TL: Wieso leider?

TH: Sie merkt es jedesmal, wenn ich heimlich in den Korb vom Fritz steige, und wirft mich sofort wieder raus.

TL: Mich hat sie gestern, während sie daneben stand, aber nicht von dem Fritzenpolster runterwerfen können.

TH: Nee, da musste sie ja telefonieren. Und außerdem hat der Bärtige gesagt: „Tante Lotte will ja bloß ganz nah bei dir sein."
TL: Ich hab mich ja auch genau auf ihre Füße gelegt.
TH: Du bist ganz schön raffiniert.
TL: Und du, du bist ganz schön frech. Ich hab gehört, dass sie gesagt haben, du hättest einen Blick wie ein Auftragskiller.
TH: Diesen Blick hatte ich schon immer. Deswegen haben sie ja aus dem ganzen Wurf damals gerade mich ausgesucht.
TL: So lieb gucken wie der große Fritz kann sowieso niemand.
TH: Das stimmt. Und so geduldig wie der ist auch kein zweiter.
TL: Und so wasserscheu auch nicht.
TH: Wo steckt der überhaupt?
TL: Der ist gerade unten im Garten.
TH: Oh, das ist gut. Komm, wir gucken mal schnell, ob noch was in seinem Napf ist.

(beide ab)

Montag, 10.11.2014

TL: Du, Hedwig, wieso ist die Wohnzimmertür zu?
TH: Weiß ich nicht. wir sollen wohl hier drin bleiben.
TL: Du, Hedwig, mir ist langweilig.
TH: Mir auch.
 …
TH: Lotte, komm mal her und hilf mir. Allein krieg ich die Wildsau nicht vom Kamin weggezerrt.
TL: Wo soll sie denn hin?
TH: Egal, Hauptsache raus aus der Ecke.
TL: Was hast du denn vor?
TH: Selbstbeschäftigung.
 …
TL: Guck mal. Jetzt weiß ich, warum die Bezopfte immer so schreit, wenn sie gegen die Schnauze von dem Biest läuft. Das Innere ist hart wie Beton.
TH: Hättest mir von der Schnauze ja wohl was übriglassen können, du Gierschlund.
TL: Es ist noch genug anderes da.
 …
TH: Hihi, die Wildsau hat Stroh im Kopf.
TL: Woher weißt du das?
TH: Das rechte Ohr ist weg, und da kann man jetzt in den Kopf reingucken.
TL: Wo ist das rechte Ohr?
TH: Hab ich gefressen.
TL: War's lecker?
TH: So lecker wie die Schnauze.
 …
TL: Die Sau hat jetzt gar keine Füße mehr.

TH: Braucht sie auch nicht, die lag ja sowieso nur rum.
TL: Ach, deshalb heißt es wohl auch „faule Sau".
…
TH: So. Der Schwanz ist auch ab.
TL: Lass ein bisschen was für den Fritz übrig.
TH: Zu spät. Ist aber auch nicht nötig. Der ist mit dem Bärtigen im Keller.
TL: Das denkst du nur. Ich höre sie kommen.
TH: Au verflucht. Ich bin mir nicht sicher, wie der Bärtige zu unserer Arbeit steht.
TL: Und jetzt?
TH: Du stellst dich an die Wohnzimmertür, wedelst und guckst lieb, und ich kratz an der Terrassentür. Dann denkt er, ich muss dringend Pipi, und sieht die Sau nicht.
TL: Die Sau? Welche Sau?

Sonntag, 28.12.2014

TH: Lotte, guck mal, der Bärtige hat den Kaminofen angemacht.

TL: Ui fein, dann wird's gleich gemütlich.

TH: Vielleicht auch nicht. Die Bezopfte hat nicht ihr Sitzkissen geholt, sondern diese komischen kleinen, dünnen, roten Dinger mit dem Stückchen Schnur oben dran.

TL: Was ist denn das? Kann man die essen?

TH: Nee. Das schmeißt die Bezopfte ins Feuer.

TL: Warum denn das?

Fritz: Um euch kleine Frätze auf Silvester vorzubereiten.

TH + TL: Silvester? Kennen wir nicht.

Fritz: Da gibt es spät nachts draußen ein großes Gerumse, Gezische und Geheule, und alle stehen auf der Straße, schreien „Ah" und „Oh", fallen sich gegenseitig in die Arme und begrüßen das neue Jahr.

TH: ???

Fritz: Menschen. Das muss man nicht alles verstehen.

TL: He Leute, die Bezopfte hat gerade die Ofentür aufgemacht und eine ganze Kette von diesen kleinen Dingern da reingeworfen.

TH: Kenn ich bereits. Und ich weiß auch, was sie als nächstes sagen wird.

TL: Was denn?

Fritz: Dass die Ladykracher völlig unspektakulär sind und sie jetzt die Chinakracher holt.

TL: Tatsächlich. Das hat sie gerade gesagt.

TH: Wo sie Recht hat, hat sie Recht. Das war ja wirklich nicht der Rede wert.

TL: Guck mal, diese grün-weißen Dinger da in ihrer Hand - sind das diese Chinakracher?
Fritz: Jepp.
TL: Komm, wir gehen mal näher an die Ofentür. Vielleicht gibt's was zu sehen!

Fritz: Nää. Ist auch langweilig. Ich weiß, was sie als nächstes sagen wird.
TH: Lass mich raten - es hat was mit „unspektakulär" zu tun.
Fritz: Genau. Und dass der Bärtige ihr endlich erlauben soll, die Kanonenschläge auszuprobieren. Und dass sie auch bereit ist, im Schadensfall die Glasscheibe der Ofentür zu ersetzen.
TH: Die ist doch verrückt.
Fritz: Das fällt dir jetzt erst auf?
TL: Naja, unspektakulär sind diese Kracher aber wirklich. Wenn das alles ist, dann hab ich für Silve-

ster gar keine Bedenken. Das Getute mit dem Jagdhorn ist schlimmer.

TH: Sie gibt auf! Sie hat die Schachtel mit den Krachern weggeräumt und ihr Sitzkissen vor den Kamin gelegt.

TL: Los, wer von uns am schnellsten auf ihrem Kissen liegt, hat gewonnen!

Montag, 05.01.2015

Ich war morgens verschlafen und ein wenig im Zeitdruck. Ich wollte eigentlich sagen „Lotte, Platz!", aber daraus wurde „Platte!"
Was soll ich sagen? Hat geklappt.
So ein toller Hund!

Mittwoch, 14.01.2015

Psst - großer Fritz - schläfst du schon?
Hmmnö. Warum?
Dürfen wir dich was fragen?
Was denn?
Stimmt es, dass Hunde über die Regenbogenbrücke gehen?
Ja, das stimmt.
Wieso machen die das?
Naja, manche sind sehr alt und müde. Andere sind sehr, sehr krank und möchten nicht mehr leiden. Manchmal geschieht auch ein schlimmes Unglück.
Und dann geht es ihnen hinter dem Regenbogen wieder gut?
Ja, daran glauben wir fest.
Aber warum weinen die Menschen denn dann?
Weil sie traurig sind und ihren Gefährten vermissen.
Das ist aber schlimm.
Ja. Aber oft kommt ein anderer Hund ins Haus. Der hält sie dann ganz schön auf Trab, so dass sie zum Grübeln keine Zeit mehr haben.
Vergessen sie den, der gegangen ist, dann etwa?
Nein, niemals! Die Menschen haben ein großes Herz, fast so groß wie unseres. Ein Platz bleibt darin für jeden von uns frei.
Das ist schön.
Einige Kerzen brennen im Moment zum Gedenken an die, die gegangen sind. Manche Menschen füllen am Endes des Jahres auch noch einmal deren Napf. Das ist ein alter christlicher Brauch, sagt die Bezopfte.

Huch...
Was ist?
Ich glaube, dann habe ich den Napf von deinem Uropa Lutz leergefressen. Hoffentlich hat das keiner gemerkt.
Doch, das hat die Bezopfte gemerkt. Das macht aber nichts. Ihr schlaft ja auch auf seinen Kissen.
Das ist eine Ehre für uns!
Ich glaube, ihr habt es verstanden: Wir verdrängen unsere Vorgänger nicht. Durch uns wird die Erinnerung an sie wachgehalten und ihr Erbe weitergetragen, indem wir die Menschen wieder glücklich machen.
Psst - großer Fritz?
Hmm?
Dürfen wir ein bisschen bei dir kuscheln?
Okay.

Samstag, 07.02.2015

Soll ich euch mal mein letztes Erlebnis erzählen?
Ich hab es neulich nämlich ganz geschickt angestellt.
Als die Bezopfte spät abends die letzte Runde mit dem großen Fritz gehen wollte, bin ich ganz aufgeregt zwischen Leinengarderobe und Haustür hin- und hergelaufen und ein bisschen in der Diele herumgehüpft, und dann habe ich mich so vor die Tür gesetzt, dass die beiden nicht raus konnten.
Da hat die Bezopfte dann gesagt: „Okay, Tante Lotte, ich nehm dich mit. Aber draußen ist's schon dunkel, und ich leine euch nicht mehr ab."
Pfft, das ist mir doch egal!
Dann hat sie uns beide an eine Leine gemacht und ist mit uns los.
Das war toll!
Der große Fritz ist so cool, da kann ich gar nicht anders und bin auch cool.
Ich musste immer wieder stehen bleiben, wenn er irgendwo Zeitung lesen wollte oder selber eine Nachricht hinterließ, aber auch da habe ich nicht gezappelt.
Ich weiß bloß nicht, warum der Fritz das so oft macht. Ich setz mich einmal hin, und dann ist das erledigt. Naja, die Kerls…
Allerdings war er zum Schluss ein bisschen grantig, weil er meinte, zum Kacken bräuchte er mehr Freiraum und mehr Distanz und nicht so ein kleines Äffchen, das ihm dabei ständig zuguckt.
Meint der etwa mich? Tsss.
Dann mussten wir ein Stück brav bei Fuß gehen. Ich ganz nah am Bein der Bezopften und der Fritz direkt neben mir. Auch das haben wir richtig gut gemacht, meinte die Bezopfte.

Und dann, auf dem Nachhauseweg, da kam direkt vor unserer Nase aus einem Hauseingang eine Frau mit ihrem Terrier heraus. Der sah uns und hechtete gleich tobend und kreischend auf uns zu. Der Fritz und ich wollten eigentlich sofort zu ihm und ihn mal fragen, was dieser Unsinn eigentlich immer soll. Das ist nämlich dieser Blödmann, der sogar im ersten Stock hinter verschlossenem Fenster vor Wut beinah die Gardinen abreißt, wenn man bloß auf der anderen Straßenseite vorbeiläuft.

Wir hätten ihm gerne Manieren beigebracht, aber das wollte die Bezopfte nicht und hat uns mit ihrem strengen „Steh!" am Boden festgenagelt.

Das ist ein blöder Befehl, finde ich. Da darf man außer still stehen rein gar nix.

Die Frau mit ihrem durchgeknallten Terrier ging dann aber erstmal nicht weiter, sondern blieb genau neben uns stehen und fing an, mit ihrem Terrier zu schimpfen. Dem war das natürlich völlig schnurz.

Was manche Leute aber auch so unter „schimpfen" verstehen… Sowas klingt bei uns zuhause ganz anders. Da wären diesem Flegel die Ohren weggeflogen…

Als die beiden endlich weg waren, durften wir auch weitergehen. Das haben wir gemacht, ganz gesittet auch ohne den Befehl „Fuß". Wir haben uns nicht einmal zu dem Doofmann umgedreht; aber der Fritz hat noch schnell den Bambus in dessen Vorgarten bestrullert.

Und wisst ihr, was die Bezopfte dann zu uns gesagt hat?

Sie hat gesagt: „Hoffentlich hat die ganze Straße mitbekommen, wie lieb ihr seid."

gez. Tante Lotte

15.06.2015

Anfang Juni 2014 schreckte uns alle ein Beitrag in den sozialen Netzwerken auf, in dem eine sechs Monate alte Große Schweizer Sennenhündin beschrieben wurde.
Diese Hündin wurde als sehr unsicher dargestellt gegenüber alltäglichen Dingen wie Autos, Staubsauger oder Rasenmäher; laut Beschreibung verfügte sie über einen starken Kontrolltrieb, maßregelte die drei im Haushalt lebenden Kinder und war nicht stubenrein.
Diverse Hundetrainer sollten, so hieß es damals, vergeblich versucht haben, diese Probleme in den Griff zu bekommen.
Da die Familie nicht mehr imstande war, diese Hündin zu halten, wurde nun über die sozialen Netzwerke ein neues Zuhause für sie gesucht.
Bald stellte sich heraus, dass es sich um die Schwester von unserer Tante Hedwig handelte.
Da jeder, der Tante Hedwig kannte, sich kaum vorstellen konnte, dass deren Schwester in Charakter und Verhalten gänzlich anders sein sollte, schlugen damals die Wellen sehr hoch.
S. schaltete sich ein und übernahm die Hündin. Sie stellte fest, dass das kleine Tier, das nur aus Haut und Knochen bestand, extrem handscheu und ruhelos war; auf ihren Namen „Peppa" reagierte sie überhaupt nicht.
In den Tagen, in denen „Mausi", wie S. sie nannte, bei ihr war, stellte S. fest, dass die Ruhelosigkeit durch extremen Hunger bedingt war und sich nach der Umstellung auf vernünftiges Futter sofort legte; die bei-

den Hündinnen Chanel und Bondi halfen Mausi dabei, etwas entspannter und mutiger zu werden.
Wir entschieden gemeinsam, dass die beste Lösung für Mausi ein Zuhause war, in dem sie gefordert und gefördert wurde, ohne in Watte gepackt zu werden.
Am 15.06.2014 kam Mausi dann zu uns und bekam als erstes ihren Taufnamen zurück. Aus Mausi wurde Tante Lotte.
Heute auf den Tag genau ist Tante Lotte ein Jahr bei uns.
Die Entscheidung, sie hier aufzunehmen, war für alle Beteiligten das Beste - für Tante Lotte, die durch ihre unerschrockene Schwester ihr Selbstvertrauen wieder bekam, für Tante Hedwig, die endlich einen ebenbürtigen Sparringspartner hatte, und für den Fritz, der sich auf sein Kissen zurückziehen und entspannt dem Treiben der beiden Halbwüchsigen zusehen konnte, ohne selbst belästigt zu werden.
Nichts von dem, was seinerzeit über Tante Lotte geschrieben worden war, hat sich als wahr herausgestellt. Wir haben weder die Angst vor alltäglichen Dingen an ihr festgestellt noch einen ausgeprägten Kontrolltrieb. Geknurrt, geschnappt oder sonstwie gemaßregelt hat sie bei uns ebenso wenig wie in die Wohnung uriniert.
Die extreme Handscheu und die Unsicherheit unbekannten Personen gegenüber waren tatsächlich vorhanden. Es war ein großes Stück Arbeit, Tante Lottes uneingeschränktes Vertrauen zu gewinnen und ihr ihre Unbefangenheit wiederzugeben. Es war ein langer, teilweise auch ein sehr schwieriger Weg, aber es gab weder Rückschläge noch Mutlosigkeit, und wir sind diesen Weg gerne und unverzagt mit ihr gegangen. Wir haben mit Freude und mit Stolz jeden ihrer und

unserer Erfolge verzeichnet und werden das immer in unserem Gedächtnis aufbewahren.
Aus dem unterernährten, scheuen Kind ist ein muskulöses, selbstbewusstes Kraftpaket geworden, immer neugierig, immer zu lernen bereit und immer gut gelaunt.
Auch wenn unser Hausclown Tante Lotte nicht in die Zucht geht, wird sie doch immer eins für unser Rudel sein:
Unser Lottengewinn.

*****

Wie schön das ist, wenn man feststellt, dass ein Hund eine Bindung aufbaut und einem vertraut, habe ich so richtig erst durch die Arbeit mit Tante Lotte erkannt.

Was für mich bei meinen anderen Hunden mehr oder weniger immer selbstverständlich war, musste ich mir hier in gewisser Weise erst erarbeiten.
Dadurch habe ich erkannt, dass Bindung und Vertrauen eigentlich niemals selbstverständlich sind, sondern immer das Ergebnis einer intensiven Zusammenarbeit zwischen Mensch und Hund.
Auch hierfür nochmals danke für diesen meine Augen öffnenden Lottengewinn!

*****

Unsere Tante Lotte ist ein Hund, den jeder gern hat.
Alle fremden Hunde sind sofort von ihr angetan. Sogar hochbetagte Hündinnen, die mit nichts und niemandem auf der Welt noch etwas zu tun haben möchten, lassen sich von ihr im Gesicht beschnuppern und halten dabei still.
Schade, dass ich kein Hund bin; denn dann wüsste ich, ob das an ihrem lieben Gesicht liegt, an ihrer aufgeschlossenen Körpersprache oder an ihrer lustig wippenden Rute.
Unser Hausclown.

*****

Weil Tante Lotte in ihrer schwersten Zeit nachweislich von abends acht bis morgens acht im Käfig auf 60 x 60 cm eingesperrt war und tagsüber im Garten allein sich selber überlassen wurde, hat sie sich bisher nie getraut, sich irgendwie bemerkbar zu machen,

wenn sie bei uns mal aus Versehen hinter verschlossener Tür stand.
Letzte Woche haben wir sie versehentlich ausgesperrt, weil wir nicht bemerkt hatten, dass sie in den Garten gegangen war.
Plötzlich stand Tante Lotte an der Terrassentür und verlangte lauthals und nachdrücklich, eingelassen zu werden.

*****

Während Tante Hedwig von Anfang an alles, was sie von mir erreichen konnte, abgeleckt hat, hat Tante Lotte das bisher nie getan.
Seit etwa einer Woche leckt Tante Lotte mir ausgiebig die Hände ab.
Ich werte das als Beweis ihrer Zuneigung und ihres Vertrauens.
Und ich bin erstaunt, dass sogar nach so langer Zeit immer noch Änderungen im Verhalten auftreten. Diese sind zwar winzig, aber für einen aufmerksamen Beobachter doch zu erkennen.
Tante Lotte ist und bleibt unser Lottengewinn.

Warum Tante Lotte bei uns genau richtig ist

Ich habe die alten Welpenbilder angeschaut. Dabei ist mir etwas Erstaunliches aufgefallen.
Als die Tanten rd. sechs Wochen alt waren, besuchten wir zum Aussuchen eines Welpen den Züchter.
Die sechs kleinen Schwestern rannten und tollten herum; nur eine setzte sich auf ihre Hinterbeine, als sie uns sah, und tat nichts anderes, als uns genau zu beobachten.
Da war uns klar: die ist es, die nehmen wir! Das ist Tante Hedwig!
Später tollten und spielten und schmusten alle mit uns, bis auf Tante Hedwig. Die legte sich unter einen Stuhl, um uns von dort weiter zu beobachten.
Eine Weile später legte sich eine andere dazu. Diese beiden blieben einträchtig beieinander liegen, beobachteten uns und schliefen dann eng aneinander geschmiegt ein.
Damals habe ich nicht gewusst, wer dieses Mädel neben Tante Hedwig unter dem Stuhl war. Es war ja auch nicht weiter wichtig.
Heute kann ich dieses kleine Mädel identifizieren, weil ich es seit anderthalb Jahren beobachte und jedes einzelne Haar kenne: das war Tante Lotte.
Bei der Eintracht, die zwischen diesen beiden Schwestern größer war als bei den anderen, ist es klar, dass Tante Lotte nach ihrem schlechten Start dann hier bei uns, mit Tante Hedwig, das Beste erwartete, was überhaupt denkbar ist:
Tante Lotte fand ihre Herzens-Schwester wieder!

Teil 3 - Das Rudel

Samstag, 04.07.2015

Beim Aufräumen habe ich einen Laserpointer gefunden.

TL: Hedwig! Hedwig! Guck mal!! Was ist das??
TH: Was? Wo?
TL: Das Rote da auf dem Fußboden. Das bewegt sich.
TH: Ich weiß auch nicht. Komm, das schnappen wir uns.
TL: Mist, jetzt ist es weg.
TH: Es ist da hinten, am Schrank. Nix wie hin!!
TL: Wo ist es jetzt?
TH: Keine Ahnung. Vor allem - was ist es?? Jedesmal, wenn ich reinbeißen will, erwisch ich bloß den Teppichboden. Meine Nase ist schon ganz platt.
TL: Da! Da ist es wieder. Beim Fritz!
Fritz: BLEIBT MIR VON MEINEN FÜSSEN WEG!!!!
TL: Tschuldigung! Im Eifer des Gefechts... du verstehst?
Fritz: Was seid ihr doof! Der rote Punkt kommt aus dem Ding, das die Bezopfte in der Hand hält.
TH: Nein, das glaub ich nicht. Die Bezopfte ist da hinten, und das Rote läuft hier über den Boden.
TL: DAAA! Da ist es wieder!!
TH: Wo? Wo?? WO???
TL: Auf dir!
TH: Aua! Bist du verrückt geworden?! Jetzt hast du mir in die Seite gebissen!
TL: Da war aber dieses rote Ding, glaub' mir!

TH: Jetzt ist es unterm Fritz verschwunden. Öhm, Fritz, könntest du mal bitte aufstehen?
Fritz: NEIN!!
TL: Da!! Es geht die Wand rauf, bis an die Decke.
TH: Blöd. So hoch kann ich nicht springen.
TL: Da! Jetzt läuft es in den Flur! Hinterher!!!
TH: Mist, ich hab die Kurve wieder nicht gekriegt. Jetzt ist das Tischchen in der Diele schon wieder umgekippt. Upps, das eine Bein ist ab.
TL: Wenn das der Bärtige sieht...
TH: Das war nicht meine Schuld! Das lag an dem roten Dings.
TL: Das rote Dings ist aber verschwunden.
TH: Und wir müssen wohl auch verschwinden. Die Bezopfte hat so gelacht, dass der Bärtige jetzt sauer ist. Ich glaub, wir Weiber sollten alle drei mal besser für eine Zeitlang abtauchen.
Der Bärtige: Das wird euch nichts nützen. Ich werde euch finden, denn ihr zieht eine Schneise der Verwüstung hinter euch her!!

Landesgruppen-Hundeschau in Oberhausen

4:55 Uhr: Es geht los. Während der beste aller Fritzleins gewohnt manierlich das Haus verlässt, vor dem geöffneten Kofferraum Platz nimmt und erst nach ausdrücklicher Erlaubnis in das Fahrzeug steigt, krachen die beiden Tanten gleichzeitig aus dem Haus, die drei Stufen vor der Haustür hinunter, eine Runde durch den Vorgarten und schließlich unter Gefährdung der Deichsel des bereits angehängten Wohnwagens in den Kofferraum, woraufhin der beste aller Fritzleins einen lauten Protest anstimmt. Dies wird von den Tanten mit freudigem Gejohle erwidert.

4:56 Uhr: Die Nachbarschaft ist nunmehr hellwach und über die frühmorgentlichen Aktivitäten der Familie J. informiert.

4:57 bis 8:50 Uhr: Die Fahrt nach Oberhausen verläuft planmäßig und ruhig, abgesehen von kleineren Unwillensbekundungen jenseits des Absperrgitters, das drei Vierbeiner erfolgreich davon abhält, das Führerhaus zwecks Aneignung der dort befindlichen Nahrungsmittel zu entern.

6:51 Uhr: Nunmehr ist Oberhausen-Königshardt im Allgemeinen und die Anwohnerschaft rund um die dortige Sportanlage im Speziellen über die Ankunft von Tante Hedwig und Co. in Kenntnis gesetzt.

6:55 Uhr: Tante Hedwig legt nach eigenem Ermessen fest, wo das ihrem Rudel gehörende Territorium endet.
Noch ist niemand über den exakten Verlauf der Grenzlinien informiert.

6:55 bis 9:00 Uhr: Tante Hedwig ist sehr nachdrücklich in der Bewachung ihres Reiches, während Tante Lotte und der beste aller Fritzleins dösen.

9:01 Uhr: Leider weiß Frau L. nichts von unsichtbaren Grenzen, die Tante Hedwig vehement verteidigt, und muss für ihr unbefugtes Eindringen büßen.

9:50 Uhr: Tante Hedwig pöbelt harmlose Passanten an und bekommt von Frau J. einen verbalen Einlauf, der sie zum beleidigten Schweigen bringt.

9:55 Uhr: Tante Hedwig pöbelt und bekommt einen verbalen Einlauf. Beleidigtes Schweigen.

10:00 Uhr: Tante Hedwig pöbelt, Einlauf, Schweigen.

10:10 Uhr: Frau J. argwöhnt, dass Tante Hedwig sich als nächste Aufgabe die vollständige Auseinandernahme der Richterin Frau F. im Ring zum Ziel gesetzt hat. Ihre Anfrage, ob die Mitnahme des Gummihammers, der dem Einschlagen der Heringe ihres Pavillons diente, in den Ring erlaubt sei, wird von der Ausstellungsleitung ablehnend beschieden.

14:00 Uhr: Frau J. versäumt den Aufruf zum Start in der Zwischenklasse und muss mit Tante Hedwig den Weg in den Ring in Maximalgeschwindigkeit zurücklegen. Dies hat allerdings den angenehmen Nebeneffekt, dass sowohl die überraschte Tante Hedwig keine Zeit mehr hat, sich einen Schlachtplan für ein gelungenes Massaker im Ring zurecht zu legen, als auch dass Richterin Frau F. schon frühzeitig das exzellente Gangwerk der zu richtenden Tante sowie der sie führenden Frau J. beurteilen kann.

14:45 Uhr: Als Ausgleich zu der verpassten Gelegenheit im Ring widmet sich Tante Hedwig nunmehr

energischer denn je der Verteidigung des ihr zustehenden Areals. Dies gipfelt um
16:00 Uhr in dem Zerreißen der guten Lederleine sowie der Attacke gegen einen Berner Sennenhund, der die von Tante Hedwig gezogene Demarkationslinie unwissentlich und ohne jede Absicht übertreten hat.
Der anwesende Züchter B. lehnt alle Regressionsansprüche kategorisch ab.
15:05 Uhr: Frau S. schlägt das Angebot des Tausches unserer Tante Hedwig gegen ihre Fanny aus.
16:30 Uhr: Die stellvertretende Landesgruppenvorsitzende E. verweigert die Annahme von Tante Hedwig als Geschenk.
17:00 Uhr: Familie J. verlässt die Stätte von Hedwigs Wirken und erwägt den Ersatz von Lederleinen durch Stahltrossen aus der Hochseeschifffahrt.
19:00 Uhr: Tante Hedwig hat den heimatlichen Hafen erreicht und entert ihr Kissen in dem seligen Bewusstsein: es war ein unterhaltsamer Tag!

Montag, 20.07.2015

Auf dem Nachhauseweg meldet der beste aller Fritzleins ein verdächtiges Objekt in der Fichte im Vorgarten. Das Weitergehen erfolgt nur unter Protest.
Während der beste aller Fritzleins sich in der Küche mit der letzten Mahlzeit des Tages beschäftigt, erklimmt Frau J. mittels der Haushaltsleiter im Vorgarten luftige Höhen und klaubt aus den Ästen der Fichte

einen gasgefüllten Luftballon mit einer angehängten Postkarte.

Im Wohnzimmer treten die Tanten gegen die geschlossene Tür.

Frau J. platziert das gerettete Objekt in der Diele strategisch geschickt genau zwischen Küche und Wohnzimmer; die Postkarte schleift über den Boden, während der Ballon in etwa einem Meter Höhe schwebt.

Der beste aller Fritzleins hat mit Ruhe und Bedacht seine Mahlzeit beendet, seinen Napf gespült, die Küche erfolglos auf möglicherweise leicht erreichbare Nahrungsmittel überprüft und tritt den Gang aus der Küche in die Diele an.

Die Tanten begehren nachdrücklich Auslass.

Der beste aller Fritzleins erkennt, dass er aufgrund eines bedrohlichen Objektes in der Diele die Küche nicht verlassen kann.

Die Tanten verkünden lautstark ihren Hunger.

Während der beste aller Fritzleins vergeblich versucht, die Bedrohung durch beharrliches Anstarren aus dem Weg zu räumen, öffnet Frau J. die Wohnzimmertür.

Tante Lotte und Tante Hedwig stürzen zeitgleich aus dem Wohnzimmer.

Der beste aller Fritzleins quiekt, denn das Objekt hat sich bewegt.

Angesichts des unbekannten Objektes in der Diele gelingt Tante Lotte eine abrupte Vollbremsung, gefolgt von einer perfekten Drehung in der Luft um 270° und dem spontanen Rückzug in das sichere Wohnzimmer.

Tante Hedwig ist das Objekt in der Diele scheißegal.
Tante Hedwig hat Hunger.

Da der beste aller Fritzleins als männliches Wesen nur beschränkt multitaskingfähig ist und nicht gleichzeitig sowohl das Objekt als auch Tante Hedwig im Auge behalten kann, hat er keine Chance und wird über den Haufen gerannt.

Tante Lotte erkennt, dass das unbekannte Ding nicht allzu gefährlich sein kann, denn ihre Schwester ist nach wie vor bei guter Gesundheit. Außerdem ist ihr Appetit größer als jegliche Bedrohung.

Der beste aller Fritzleins beschließt, die Nacht unter dem Küchentisch zu verbringen.

Die Tanten haben ihr Futter ohne die zeitraubende Zuhilfenahme ihrer Zähne aufgenommen und können sich nun anderen Dingen zuwenden.

Das unbekannte Objekt torkelt provokativ in der Diele herum.

Der beste aller Fritzleins denkt darüber nach, wem er im Falle seines in Kürze zu erwartenden Ablebens sein Körbchen vererben wird.

Die Tanten sind von dem Gedanken an ein nahendes Lebensende weit entfernt. Frisch gestärkt steuern sie vielmehr auf neue Abenteuer zu.

Das Abenteuer in der Diele gebärdet sich widerspenstig und ist weder mit Schnauze noch mit Pfoten zu fassen.

Ein beherzter Tantensprung führt zum Abriss der angehängten Postkarte. Leider wird das Versenden an den hoffnungsvoll wartenden Absender jetzt nicht mehr möglich sein. Die Post befördert keine einzelnen Puzzleteile.

Die nunmehr lose baumelnde Schnur kitzelt Tante Hedwig am linken Ohr und wird entrüstet verbellt, was den besten aller Fritzleins unter dem Küchentisch und Tante Lotte unter dem Ballon ein Duett in fortissimo anstimmen lässt.

Begleitet vom dröhnenden Bassbariton des besten aller Fritzleins erproben die Tanten unermüdlich verschiedenste Angriffstaktiken, denen sich der Ballon jedoch äußerst erfolgreich durch permanente Fluchten entziehen kann.

Nach einer Viertelstunde des aussichtslosen Kampfes versucht angesichts der fortgeschrittenen Tageszeit der Herr des Hauses, dem munteren Treiben ein Ende zu setzen, indem er den Ballon an der verbliebenen Restschnur hinter sich herziehend in Gewahrsam nimmt.

Leider hat er weder das Massenträgheitsgesetz noch die Beharrlichkeit der Tanten einkalkuliert. Durch die erhöhte Geschwindigkeit der Zugbewegung begibt sich der Ballon in eine waagerechte Lage genau auf Augenhöhe der Tanten und gleitet in aufreizend schlingernden Bewegungen an ihren Schnauzen vorbei.

Dies ist die perfekte Einladung zum finalen Fangbiss. Der darauf folgende Knall lässt

> Tante Lotte mit einem erstaunten Gesicht zurück,
> den besten aller Fritzleins katapultartig unter dem Küchentisch hervor durch den Flur in den bombensicheren Keller entweichen,
> Tante Hedwig völlig kalt.

Frau J. entfernt vergnügt die kläglichen Überreste der Schlacht und notiert im Geiste:

Morgen mach ich sie fertig. Morgen kauf ich zwanzig gasgefüllte Luftballons.

Am Goldfischteich

TL: Guck mal, Hedwig! Was ist das?
TH: Wo?
TL: Da, im Goldfischbecken!
TH: Das hab ich ja noch nie gesehen. Fritz, komm mal schnell!
Fritz: Hmmm. Das sieht aus wie ein Küchensieb.
TL: Ein Küchensieb? Aber seit wann kann ein Küchensieb denn schwimmen?!
TH: Da ist ein Zelthering durchgespießt.
TL: Versteh ich nicht. Ein Hering kann schwimmen, ein Zelthering aber nicht.
Fritz: Ja, aber sieh mal genau hin: dieser Zelthering ist mit seinem Haken am Überlaufstöpsel festgemacht.
TL: Und was ist das am anderen Ende von diesem Hering?
Fritz: Das ist Styropor.
TH: Kann man das essen?
TL: Nein. Ich wollt's schon mal versuchen. Aber das bleibt einem immer im Gesicht kleben, und die Bezopfte hat's auch verboten.
Fritz: Das ist nichts zum Essen. Aber das kann auch schwimmen.
TL: Aha. Ein Küchensieb, das im Goldfischbecken schwimmt. Und was soll das?
TH: In dem Sieb schwimmt eine von den Seerosen.
TL: Das seh ich auch. Aber warum?
Fritz: Die Bezopfte hat gestern abend gesagt, dass unter dem Seerosenblatt Laich klebt.
TL: Ja und?

Fritz: Sie hat auch gesagt, dass die Goldfischguppies so ziemlich alles fressen, aber aus dem Laich sollen mal kleine Goldfischguppies werden. Deshalb ist das Sieb dadrunter. Dann kommen die Goldfischguppies nicht ran.
TH: Kann man Goldfischguppies essen?
TL: Probier's doch aus!
TH: Nee. Ich weiß nicht, ob ich schwimmen kann.
Fritz: Lass das nicht die Bezopfte hören, sonst fährt sie mit dir an den nächsten Baggersee und schmeißt dich da rein. Nur um zu gucken, ob du schwimmen kannst oder nicht.
TL: Hat sie das mit dir auch gemacht?
Fritz: Meine Beine sind zu lang. Ich konnte überall stehen.
TL: Ich hab' Schulterhöhe 63 cm. Hat die Bezopfte gestern gemessen. Reicht das?
Fritz: Wenn du durch die Ohren atmen kannst, ja.
TH: Ich sauf den See einfach leer.
TL: Hihi, dann fang mit dem Goldfischbecken doch schonmal an!
TH: Du dumme Nuss. Das gibt Zoff!
TL: Fang mich doch! Fang mich doch!
…
Der Bärtige: Aua!!!! Ihr blöden Viecher! Voll gegen mein Schienbein!!
…
Der Bärtige: Mein Bein wird ganz blau. Wo ist die Beinwell-Creme?
Die Bezopfte: Da, wo sie hingehört: im Kühlschrank.
Der Bärtige: Ich kann nicht mehr laufen. Bring sie mir! Und bring auch die Fernsehzeitung und die Fernbedienung mit!

Fritz: Und wenn du sowieso gehst, bring mir doch bitte ein Hundebrot mit!
TH: Ja, mir auch!
TL: Ich hab auch Hunger!
Der Bärtige: Ich auch!
Die Bezopfte: Wer hat dieses ganze Pack eigentlich hier reingelassen? Ich wäre auch mit nichts als nur ein paar Goldfischguppies glücklich gewesen...

Mittwoch, 22.07.2015, 2:30 Uhr

Sommernacht. Die Temperatur fällt nicht unter 20 °C. Es ist schwül.
Der große Fritz wechselt alle 10 Minuten seinen Liegeplatz und lässt dabei jedesmal seine 120 Pfund Lebendgewicht ungebremst auf den Fußboden krachen.

Tante Lotte hechelt erfreut und erhebt sich - nicht ohne sich zu schütteln, dass die Ohren um ihren Kopf klatschen -, um dann munter durch die Wohnung zu springen und zu schauen, was man um diese nächtliche Zeit wohl mal unternehmen könnte.
Die Küche ist ihr bevorzugtes Ziel, wo sie laut hörbar den 3 Liter fassenden Wassernapf in einem Zug leert. Anschließend bleibt es eine Weile verdächtig still.
Der Herr des Hauses schläft ebenfalls nicht und wandert ruhelos zwischen Wohn- und Schlafzimmer hin und her, was allerdings den Vorteil hat, dass er Tante Lotte in den Garten hinauslassen kann, damit sie sich der 3 Liter Wasser wieder entledigen kann. Von Nachteil ist, dass Tante Lotte in der Dunkelheit vorsorglich alles, was sich bewegt oder bewegen könnte, verbellen will.
Die einzige, die funktioniert, wie sie soll, ist Tante Hedwig. Sie schläft. Mehrfach fordert ihre Schwester sie zum Spielen auf, indem sie ihr ins Ohr zwickt und versucht, ihr das Kissen wegzuziehen, aber Tante Hedwig stellt sich tot. Leider liegt ihr Kopf nicht, wie der Rest ihres Körpers, erhöht auf dem Kissen, sondern daneben, so dass sie schnarcht.
Ich habe in den langen Jahren unserer Hundehaltung einen Zwinger bisher immer abgelehnt. Jetzt aber erscheint mir die Anschaffung eines solchen sinnvoll.
Den würde ich im Garten aufbauen und mich hineinlegen. Vielleicht könnte ich dann in Ruhe schlafen.

Samstag, 29.08.2015

Während der beste aller Fritzleins anlässlich eines Kurzurlaubs in der Schweiz mit ganz anderen Dingen beschäftigt war, erkannte Frau J., dass Tante Hedwig und Tante Lotte durchaus Knochen bearbeiten können, ohne dabei zu ersticken, sich gegenseitig zu zerfleischen oder auf andere Art und Weise damit ihrem jungen Leben ein Ende zu setzen.

Nach eingehender Diskussion mit dem Hausvorstand entscheidet sich Frau J. an einem Samstag im August, ihrem Rudel jeweils einen Straußenknochen in nicht unbeträchtlicher Größe zur freien Verfügung zu stellen.

Zunächst sitzen, später liegen Tante Hedwig und Tante Lotte einträchtig nebeneinander auf dem Küchenfußboden und sind emsig damit beschäftigt, ihre Straußenknochen zu zerstören und Frau J. einen Grund zum Putzen zu liefern.

Nach etwa 10 Minuten beendet Tante Lotte ihre Arbeit, erhebt sich aus ihrer liegenden Position, schlendert ziellos in der Küche herum, schnuppert hier und da lustlos an den weit verstreuten Knochenkrümeln und scheint insgesamt sehr gelangweilt.

Mit einer ebensolchen gelangweilten Miene tritt sie neben ihre Schwester, bemächtigt sich, ohne auf großen Widerstand zu stoßen, des Knochens, den diese soeben noch als den ihren bezeichnete, und verschwindet damit im Wohnzimmer.

Die überraschte und nunmehr knochenlose Tante Hedwig findet jedoch schnell Ersatz in dem Knochen, den Tante Lotte unbeachtet zurückgelassen hat.

Nach weiteren etwa 10 Minuten erscheint unvermittelt eine wiederum gelangweilte Tante Lotte in der Küche, schlendert ziellos dort herum, schnuppert hier und da lustlos an den noch weiter verstreuten Knochenkrümeln und vermittelt den Anschein des totalen Desinteresses.

Mit einer ebensolchen desinteressierten Miene taucht sie neben ihrer Schwester auf, bemächtigt sich wie selbstverständlich auch des zweiten Knochens und verschwindet mit diesem im Wohnzimmer.

Die nunmehr ebenso knochen- wie fassungslose Tante Hedwig setzt sich in der Küche auf ihre Hinterbeine und weint bitterlich.

Der Gesichtsausdruck des besten aller Fritzleins, der seinen Knochen sofort nach Erhalt wohl wissend in seinem Korb in Sicherheit gebracht hat, lässt sich auch für Unbeteiligte leicht deuten:

„Jetzt siehst Du mal, wie es mir mit Dir vier Monate lang ergangen ist.

Das gönne ich Dir."

Samstag, 05.09.2015

Es gibt wieder Knochen zur freien Verfügung.
Tante Hedwig versucht verzweifelt, ihren Knochen mit Zähnen, Lippen und Pfoten festzuhalten, während Tante Lotte, die ihren eigenen Knochen vollkommen uninteressant findet, mit grinsendem Gesicht am anderen Knochenende zieht. Tante Hedwig hat weder Zeit noch Kraft, um zu knurren, muss vielmehr ihre ganze Energie aufwenden, um Herrin der Lage zu bleiben.
Tante Lotte lässt den Knochen ihrer Schwester erst los, als sie den wütenden Schrei der Erziehungsberechtigten vernimmt.
Sodann wendet sie sich dem besten aller Fritzleins zu, gesellt sich unterwürfig ihm und seinem Knochen zu, wedelt freundlich, täuscht mehrfach eine Spielaufforderung vor und wartet auf den richtigen Moment zum Zugriff.
Da ihre Ohren erneut eine Lautäußerung des Unwil-

lens ihrer Erziehungsberechtigten erreicht, bleibt ihr nur der Rückzug zu ihrem eigenen verpönten Knochen, aber nicht ohne das Aufstellen einer mächtigen Bürste des Unmuts.

Fazit:
Tante Lotte knurrt nicht.
Tante Lotte lässt sich aber auch vom Knurren anderer nicht beeindrucken.
Tante Lotte versucht's einfach.

Samstag, 24.10.2015

Ach, meine Hundebande...
Seit die Tanten aus dem Gröbsten raus sind, ereignen sich hier kaum noch irgendwelche spektakulären Dinge.
Das ist einerseits sehr erholsam, andererseits aber auch ziemlich eintönig.
Um wieder etwas mehr Abwechslung in das fade Leben zu bringen, muss man sich dann schon mal aufraffen und mit drei Hunden im Gepäck eine Landesgruppen-Hundeschau im fernen Kappel-Grafenhausen besuchen, um zu testen, welche Torheiten und Schandtaten noch möglich sind.
Antwort: keine.
Aber viele schöne Dinge, die mir so richtig das Herz aufgehen lassen.
Der beste aller Fritzleins ist eine coole Socke, den auch die rasanten Tanten kaum aus der Ruhe bringen

können. Der macht, was wir von ihm wollen, und bleibt gelassen und souverän.

Zwischen all den fremden Hunden und fremden Menschen am Ring hat er sich sogar auf den Rücken geworfen und sich den Bauch kraulen lassen - ein Zeichen, dass sich dieser Hund auch im größten Rummel pudelwohl fühlen und entspannen kann. Trotzdem ist dieser Hund alles andere als eine Schlaftablette. Der weiß, was er kann, und steht seinen Mann!

Auch Tante Hedwig war den ganzen Tag über im und am Ring eine ruhige, entspannte Hündin, ohne Gezappel, Gefiepe oder sonstiges Generve.

Mit Tante Lotte bin ich auf unserer Runde in der Abenddämmerung drei Rehen begegnet, die direkt vor Tante Lottes Nase über den Weg in das abgeerntete Maisfeld sprangen. Die nicht angeleinte Tante Lotte blieb stehen, schaute den Rehen nach und drehte sich dann zu mir um, um zu fragen, was sie tun soll. Herkommen und bei mir bleiben, war meine Antwort. Das tat Tante Lotte auch, ohne zu zögern.

Nie geübt und trotzdem ein voller Erfolg!

Am darauffolgenden Tag war ich in der Morgendämmerung mit beiden Tanten unterwegs, um die Gegend zu erkunden. Wir wollten einen kleinen See umrunden, als ich feststellte, dass dieser durch eine kleine, ca. drei Meter breite Furt mit einem zweiten See verbunden war, so dass wir unseren Weg nicht einfach so fortsetzen konnten.

In der Furt lagen vereinzelt große Steine und Betonblöcke, auf denen balancierend man an das andere Ufer gelangen konnte, was auch für mich schon nicht einfach war. Tante Hedwig stiefelte unverdrossen hinter mir her und erreichte trockenen Fußes das Ufer. Tante Lotte traute sich nicht über die wackeligen,

kantigen Steine; mehrfach brach sie halbherzige Versuche nach einem halben Meter wieder ab, klagte uns ihr Leid, lief ratlos hin und her und wusste nicht, was sie tun sollte.
Aber dann - fasste sie sich ein Herz und kam doch hinter uns her.
Dieselbe Strecke habe ich später dann noch mit dem Fritz gemacht. Der beste aller Fritzleins guckte mich nur kurz an - wo Du hingehst, geh ich auch hin - und lief neben mir auf den Steinen lang, als wäre das sein täglicher Weg.
Ich liebe meine Hundebande!

Mittwoch, 04.11.2015

TL: Hihihi, guck mal - der Fritz!!
TH: Ich lach mich weg. Was ist das denn?
Fritz: Grrrrrr.
TL: Frihitz, was ist das da auf deinem Kopf?
Fritz: Grrrrrr. Das ist ein lustiges Hütchen.
TL: Und was soll das?
Fritz: Ich weiß es nicht. Jedes Jahr dasselbe. Dass sie mir im letzten Jahr eine rote Schleife um den Hals gebunden hat, bevor wir aus dem Haus gegangen sind, war ja schon grenzwertig. Aber das jetzt…
TL: Musst du mit diesem lustigen Hütchen etwa auch raus auf die Straße?
TH: Dann will ich mit! Das muss ich mir ansehen. Hoffentlich ist der blöde Terrier dann auch un-

terwegs. Das gibt bestimmt Spaß! Ich lach mich tot!!

Fritz: Noch ein Wort…

TL: Warum kriegst du denn einmal im Jahr um diese Zeit rote Schleifen und lustige Hütchen?

Fritz: Die Bezopfte faselt dann was von „Geburtstag" und „Müssen wir feiern" und solche Dinge. Interessiert mich ja nicht wirklich, aber ihr gefällt das.

TL: Geburtstag? Haben wir sowas auch?

TH: Ja sicher! Kannst du dich nicht an letztes Jahr erinnern? Da gab es sogar Kuchen.

TL: Den gab es für uns ja nur, weil du den vom Tisch gezogen hast.

TH: Na und? Das Ergebnis zählt.

TL: Und was gibt es diesmal?

TH: Kicher, lustige Hütchen.

Fritz: Grrrrrr. Gleich setzt es was!

TH: Fang mich doch! Fang mich doch!

TL: Pruuust, kann er nicht. Dann rutscht ihm das lustige Hütchen über die Augen, und er rennt gegen die Wand, weil er nichts mehr sehen kann.

Fritz: In eure dicken Hintern kann ich euch immer noch beißen. Dazu brauch ich keine Augen.

TH: Schnüff, unsere Hintern sind nicht dick. Unsere Hintern sind wohlproportioniert.

TL: Jawohl! Hier ist niemand dick.

TH: Wie auch? Ich finde, hier gibt es nie genug zu essen.

Fritz: Ach, so ein Blödsinn! Kommt mal mit in die Küche. Wir machen das, was wir immer machen: wir hypnotisieren die Bezopfte und räumen dann mit ihrer Hilfe die Speisekammer aus.

Mit Fritz im Wald

Die Bezopfte will den Weg durch den Wald nehmen?
Okay, ich geh mit.
An den Böschungen und zwischen den Büschen am Wegrand gibt's genug Lesestoff für mich.
Die Zecken sind mir egal. Mit denen kann die Bezopfte sich heute Abend rumärgern.
Jajaja, ich komm ja schon. Das ist gerade sehr spannend hier.
Ja doch!!
Mach mal keine Hektik.
Ich muss hier erst noch eine Nachricht hinterlassen.
Und hier noch eine.
Und hier.
Ja, das muss sein. Das ist sehr wichtig.
Ignorantin!

Nun warte doch mal auf mich!!

Ich möchte hier an der Weggabelung bitte links gehen.
Was? Rechts hoch?? Nö.
„Fuß"? Ich hör nix.
Ja, geh du nur rechts weiter, ich bleib hier links.
Hat sie gepfiffen? Ich glaub nicht.
Jetzt steht sie da hinten hinterm Baum und glaubt, ich seh sie nicht.
Ja, bleib du nur da stehen und warte. Ich kann das auch.
Das ist mir jetzt zu blöd. Ich geh einfach weiter. Mal gucken, was die Bezopfte dann macht.
Hihi, der Sieg ist mein - sie kommt.
Oha, aber ihr Gesicht…
Was sagt sie?
„Ohren abreißen"? „Hals rumdrehen"? „Mitkommen, sonst kein Abendessen"?
Schon gut, schon gut, ich komme mit.
Jaja, rechts hoch ist auch schön.
Ja, Frauchen, ich geh auch brav bei Fuß.
Nein, Frauchen, ich vergess meinen Gehorsam auch nach den nächsten drei Minuten nicht, versprochen.
Frauchen?
Aber du darfst das mit dem „kein Abendessen" ruhig in drei Minuten wieder vergessen, ja?

Samstag, 14.11.2015 - Körung in Köln

Na, das war ja heute mal ein abwechslungsreicher Tag, so richtig nach meinem Geschmack!
Früh um sieben ging es los, ein Stündchen auf der Autobahn (da konnte ich noch ein bisschen schlafen), dann ein bisschen Getobe auf dem Parkplatz mit meiner Schwester und dem großen Fritz, und dann schnappte mich die Bezopfte und nahm mich an die Leine.
Dem Parkplatz gegenüber war ein Hundeplatz, da mussten wir hin. Die Leute dort, die Hunde, die Gerüche, der Fußboden, die Wiese, das Laub - alles so hochinteressant, dass ich es einer langen und gründlichen Nasenuntersuchung unterziehen musste.
Der große Mann mit den weißen Haaren und dem weißen Bart, der mir so eine kalte Stange auf den Rücken legte und unbedingt meine Zähne durchzählen wollte, gefiel mir.

Ich gefiel ihm wohl auch, denn er hat mir über den Rücken gestrichen und mich unterm Kinn gekrault und zu mir gesagt, dass ich ein braves Mädchen bin und alles in Ordnung ist.
Ich weiß das ja, aber man kann das nicht oft genug wiederholen, nicht wahr?
Zwei nette Damen, die die ganze Zeit die Köpfe zusammensteckten und allerlei grün-weiß gestreifte Listen mit geheimen Sachen vollschrieben, haben das dann noch einmal bestätigt, und dann haben sie uns eine Runde laufen geschickt.
Vor lauter Freude musste ich auch ein paar Hüpfer und Hopser und Bocksprünge machen.
Vor Begeisterung fing dann jemand an, mit Stöcken auf einem alten Ölfass Beifall zu trommeln; diesen neuen Fan und sein Ölfass musste ich mir dann direkt mal aus der Nähe betrachten. Da meinte eine von den Damen, dass ich ganz schön mutig sei.
Das wollten wohl auch andere aus der Nähe sehen, denn plötzlich war die Wiese voller fremder Leute, die ständig um mich herumliefen. Die schienen aber etwas ziellos zu sein; also musste die eine Dame die dann mal ermahnen, sich ordentlich in zwei Reihen aufzustellen, und ich durfte die Parade abnehmen.
Beim zweiten Mal konnten die Leute dann aber nicht mehr so richtig stillstehen. Wahrscheinlich war ihnen kalt, denn sie haben sich ganz dicht um die Bezopfte und mich herumgedrängt und in die Hände geklatscht. Ich habe diese Gelegenheit sofort genutzt, um unauffällig einige Hosenbeine und Jackentaschen auf eventuell vorhandene Nahrungsmittel zu überprüfen. Einer hatte was in der Gesäßtasche, das weiß ich genau.
Leider war die Bezopfte dagegen, dass ich mir den Herrn von hinten mal genauer betrachte.

Nachdem die Leute wieder weg waren, führte uns die andere Dame zum Publikum vor dem Zaun und stellte mich dort vor mit den Worten: „Das ist eine temperamentvolle Große Schweizer Sennenhündin, die wir ohne Einschränkung angekört haben."

Was das bedeutet, weiß ich nicht so genau, aber es muss was Gutes sein, denn ich kann spüren, dass die Bezopfte total glücklich ist.
gez. Tante Hedwig

Montag, 28.11.2015

Heute hat die Bezopfte diese geheime grün-weiße Liste in unserem Briefkasten gefunden.
Jetzt hat sie schriftlich, was ich schon immer wusste: ich bin ein feines Hundemädchen.

Sonntag, 06.12.2015

Ich muss euch schnell was erzählen.
Heute Mittag stand plötzlich eine fremde Frau vor unserer Tür.
Wir mussten ihr natürlich erstmal lautstark erzählen, wer hier wohnt, wem das hier alles gehört, und dass man hier nur auf's Gelände oder ins Haus darf, wenn die Bezopfte oder der Bärtige das erlauben.
Dann dachte ich: Halt, die Frau kenn ich doch. Die hab ich doch schonmal irgendwo gesehen. Und dann fiel es mir ein: Neulich in Köln! Das war die Frau, die nicht erlauben wollte, dass ich mir vor Beginn der Veranstaltung mal den ganzen Krempel angucke, der dort auf der Wiese herumstand.
Nö, hab ich erst gedacht, wenn die mich nicht gucken lässt, dann darf die hier auch nicht gucken!
Aber dann ist mir eingefallen, dass ich später auf der Wiese in Köln ja doch alles genau angucken und beschnuppern und untersuchen durfte. Und dass die Bezopfte am Ende dieses Tages sehr zufrieden war.
Dann ist's okay, hab ich gesagt, und wir haben sie reingelassen. Aber Tee trinken haben wir ihr nur be-

grenzt erlaubt; der Fritz hat stattdessen ständig ihren Arm hochgeworfen und sich kraulen lassen.

Sie hat sich mit der Bezopften und dem Bärtigen lange unterhalten, ist auch mal auf unsere Terrasse und in unseren Garten gegangen und fand das alles hier sehr nett. Ich hab bloß nicht so ganz verstanden, um was es da eigentlich ging. Ich hörte solche Worte wie „Wurfkiste" und „Wärmelampe", „Welpenmilch" und „Wurfabnahme". Und sie haben vereinbart, dass sie uns beim ersten Wurf nochmal besucht.

Ich finde das alles sehr seltsam und bin mal gespannt, was die hier wieder planen.

Ich hoffe, ich bin dann ganz vorn mit dabei.

Man will ja schließlich nix verpassen!

gez. Tante Hedwig

*****

Tante Hedwig sitzt mit dem Rücken zu mir.

Ich spreche sie an, aber sie schaut sich nicht um.

Ich rede weiter mit ihr, und sie stellt die Ohren auf und macht insgesamt auch einen aufmerksamen Eindruck, aber sie dreht sich trotzdem nicht zu mir um.

Dann bemerke ich, dass sie mich die ganze Zeit im Spiegel beobachtet.

*****

In Stein gemeißelt, 25 Tonnen schwer und mit anderthalb Meter langen Stahlpfählen im Fußboden verankert - das ist Tante Hedwig, erwartungsvoll in der

Küche vor der Anrichte im Weg stehend und unmöglich beiseite zu schieben.

Freitag, 11.12.2015

Frau J. hat leckere Hundekekse gebacken. Viele leckere Hundekekse. Frau J. hat etwa zwei Kilo Teig in rund 350 leckere Hundekekse verwandelt.
Nach Verteilung einiger Pröbchen an ihre fachkundigen Testesser hat Frau J. die Hundekekse in eine große Dose gefüllt, diese Dose unerreichbar auf dem Küchenschrank deponiert und sich über den schönen, großen, nie enden wollenden Vorrat an leckeren Hundekeksen gefreut.
Frau J. hat dabei die Rechnung allerdings ohne die doch sehr interessierten Testesser gemacht.
Diese haben sich nämlich beratschlagt und innerhalb kürzester Zeit eine bemerkenswerte Strategie entwickelt, der Füllung der Vorratsdose den Garaus zu machen:
Frau J. hält sich im Wohnzimmer auf und wird von hinten mit einer Hundepfote angestubst. Als sie sich umdreht, sieht sie hinter sich Testesser Nr. 1 Tante Lotte, die ihr unmissverständlich zu verstehen gibt, dass sie (Frau J.) ihr (Testesser Nr. 1 Tante Lotte) unverzüglich in die Küche zu folgen hat. Die beiden anderen Testesser beobachten das Geschehen unauffällig, aber sehr aufmerksam.
Frau J. folgt Testesser Nr. 1 Tante Lotte in die Küche, ihrerseits gefolgt von Testesser Nr. 2 und Testesser Nr. 3.

In der Küche setzt Testesser Nr. 1 Tante Lotte sich vor dem Küchenschrank demonstrativ auf ihre Hinterbeine und bedeutet mit einem Kopfnicken in Richtung der Hundekeksdose, dass sie aus derselben eine Gabe wünscht. Testesser Nr. 2 und Testesser Nr. 3 haben hinter ihrer Vorhut Stellung bezogen und machen mit einem Kopfnicken ihrerseits ebenfalls ihren Wunsch nach einer Speisung deutlich.

Frau J. lässt sich erweichen und spendet. Ihrem Sinn für Gerechtigkeit entsprechend fällt für jeden der Testesser die gleiche Menge ab.

Sodann verlässt Frau J. die Küche in dem Glauben, ihre Schuldigkeit getan zu haben. Welch ein Irrtum.

Noch auf dem Weg zurück ins Wohnzimmer spürt Frau J. erneut eine Hundepfote an ihrer Wade. Nunmehr ist es Testesser Nr. 2 der beste aller Fritzleins, der sie zurückführt in die Küche, beobachtet und gefolgt von Testesser Nr. 1 und Testesser Nr. 3.

Wiederum wird Frau J. mittels Hinsetzen und Kopfnicken, diesmal von Testesser Nr. 2 dem besten aller Fritzleins sowie den ihm unmittelbar folgenden Testessern Nr. 1 und Nr. 3, ostentativ auf die noch vorhandenen Hundekekse bzw. auf das, was mit diesen zu geschehen hat, hingewiesen.

Frau J. lässt sich ein zweites Mal erweichen.

Genau eine Minute später - Frau J. hat sich gerade wieder zurück ins Wohnzimmer begeben - ereilt sie dasselbe Schicksal zum dritten Mal, diesmal in Form der unnachgiebigen Hundepfote von Testesser Nr. 3 Tante Hedwig.

Testesser Nr. 3 Tante Hedwig und ihr Gefolge erzwingen durch die bereits erwähnte und überaus erfolgreiche Vorgehensweise eine neuerliche Herausgabe von Spezereien.

Herr J. hat das gesamte Geschehen aufmerksam verfolgt, stellt fest, dass der angeblich immerwährende Vorrat von 350 leckeren Hundekeksen sich innerhalb von weniger als drei Minuten um sage und schreibe 12 Kekse verringert hat, und berechnet, wie lange es maximal dauert, bis Frau J. neue leckere Hundekekse backen muss.

Das Ergebnis dieser Berechnung ist erschreckend, bedeutet es unter der Annahme der geringen Widerstandskraft der Frau J. doch das baldige Ende eines vermeintlich unerschöpflichen Vorrats an leckeren Hundekeksen!

Das Rezept:
100 g Maismehl, 100 g Weizenvollkornmehl, 50 g geriebenen Emmentaler, 2 EL Sonnenblumenöl und ca. 150 ml Wasser miteinander vermischen und zu einem geschmeidigen Teig verarbeiten. Den Teig ca. 0,5 cm dick ausrollen und kleine Kekse ausstechen. Die Kekse auf einem mit Backpapier ausgelegten Backblech im Ofen (Umluft 160 °C, Unter-/Oberhitze 180 °C) ca. 30 Minuten backen.

Sonntag, 13.12.2015

21:30 Uhr: Tante Hedwig hat noch ein paar wichtige Dinge auf der in völliger Dunkelheit liegenden Terrasse zu erledigen, während der beste aller Fritzleins eifrig damit beschäftigt ist, in seinem Korb in der Diele zu dösen.
Tante Lotte lauert derweil hinter der Terrassentür und wartet auf ihre Schwester, um dieser wie jeden Abend beim Wiedereintritt in das Wohnzimmer liebevoll das linke Ohr zu perforieren.
21:40 Uhr: Ein verdächtiger Schatten am hinteren Ende der Terrasse auf der Höhe des Kaminholzvorrates veranlasst Tante Hedwig, die etwa 8 Meter betragende Distanz bis zur Terrassentür in einem einzigen Schritt zurückzulegen. Diese Rasanz überrascht sogar Tante Lotte, die ihr Perforationswerkzeug so schnell nicht freilegen kann.
Im Schutz des hell erleuchteten Wohnzimmers schickt Tante Hedwig sich an, den Eindringling aufs Fürchterlichste zu beschimpfen.

Vom Kaminholzstapel hört man ein lautes Rumpeln und das Kollern einiger größerer Holzscheite.

Der beste aller Fritzleins geht nach wie vor seiner intensiven Beschäftigung des Dösens nach. Den gartenseitigen Bereich des Wohnhauses zählt er seit Tante Hedwigs Einzug in diesem Haushalt offensichtlich nicht mehr zu seinem Aufgabenbereich.

21:45 Uhr: Da von den unbestechlichen Wächtern dieses Hauses keine weiteren Aktionen mehr erfolgen, bewaffnet sich Frau J. mit Taschenlampe und Nudelholz, bestellt den besten aller Fritzleins zu ihrem persönlichen Leibwächter und begibt sich mutig in die kalte Finsternis der Winternacht.

21:46 Uhr: Nichts und niemand ist auf der Terrasse, im Garten, auf, unter, hinter dem Holzstapel oder sonstwo zu sehen.

Auch der beste aller Fritzleins nicht, der seinen lustlosen Weg aus seinem Korb auf die Terrasse unbemerkt bereits an der Türschwelle beendet hat und es bevorzugt, die Küche einer genaueren Überprüfung zu unterziehen.

Die beiden Tanten erfreuen sich an dem Gedanken, es dem Fritz gleichzutun. Der Außenbereich ist ihrer Meinung nach nunmehr ja bestens bewacht.

Frau J. steht allein in der Dunkelheit und erwägt erbost eine schriftliche Richtigstellung einiger wesentlicher Charaktereigenschaften in der offiziellen Rassebeschreibung des Großen Schweizer Sennenhundes.

Donnerstag, 17.12.2015

Tante Hedwig: Ätsch.
Fritz: Was? Wie - Ätsch?
Tante Hedwig: Ätsch, die Bezopfte hat unseren Geburtstag nicht vergessen.
Fritz: Kunststück.
Tante Lotte: Wieso?
Fritz: Na, weil euer Menschenpapa, der euch auf die Welt gebracht hat, angerufen hat, um die Bezopfte daran zu erinnern.
Tante Lotte: Du meinst, sonst hätte sie uns vergessen?
Fritz: So sieht's aus.
Die Bezopfte: Das ist gar nicht wahr.
Fritz: Doch.
Die Bezopfte: Unsinn! In dem Moment, in dem die Tanten zur Welt kamen, war mein Schicksal besiegelt. So einen Tag vergisst man nicht, das kannst Du mir glauben!
Fritz: Wieso?
Die Bezopfte: Weil ich mir nach wochenlangem Grübeln, ob ich überhaupt mehr als einen Hund halten will oder haben kann, an dem Tag gesagt habe: „Scheiß drauf, Versuch macht klug."
Fritz: Tolle Idee. Ich fand die übrigens anfangs gar nicht so toll.
Die Bezopfte: Ich weiß. Das hat mir auch in der Seele weh getan.
Fritz: Schwamm drüber. Ich hab mir die Tanten inzwischen so erzogen, dass sie parieren und nur noch selten nerven.
Tante Hedwig: Glaubst Du, ja?
Tante Lotte: Hihihi.

Die Bezopfte: Na, was denkt Ihr? Geht es uns gut?
Fritz: Ja, alles okay.
Tante Hedwig: Ja, tolles Unterhaltungsprogramm hier.
Tante Lotte: Ja, ich fühl mich wohl und geborgen bei Euch.
Der Bärtige: Ja, läuft alles bestens.
Die Bezopfte: Prima, das freut mich. Ich spendier 'ne Runde grünen Pansen für alle auf die nächsten zwei Jahre.
Der Bärtige: Öhm - Pansen? Für alle??
Die Bezopfte: Psst! Den Schampus machen wir auf, wenn die 12 Pfoten im Bett sind.

So, wie es ist, ist es gut.

Adelheids Seifenmanufaktur

Pflegen - Schützen - Verwöhnen

In Adelheids Seifenmanufaktur finden Sie
verschiedenste Seifen für Zwei- und Vierbeiner,
Pfotenbalsam, Pflegecremes und vieles mehr,
was Haut und Fell gut tut.

Alle Produkte werden sorgfältig
von Hand gefertigt und enthalten
nur natürliche Zutaten.

Es werden keine tierischen Fette und
keine Erdöl-Derivate oder sonstigen chemischen
Erzeugnisse verwendet,
keine Konservierungsstoffe und
keine künstlichen Farbstoffe.

**Die Produkte wirken durch wertvolle Öle,
beste Inhaltsstoffe
und optimale Hautverträglichkeit.**

Natürlich   für Haut und Fell

www.adelheids-seifenmanufaktur.de